Joachim Breschke
Tausendschön & grüne Bohnen

Joachim Breschke

Tausendschön & grüne Bohnen

999 praktische und ungewöhnliche Garten- und Zimmerpflanzen-Tips

Zeichnungen von Josef Blaumeiser

Delphin Verlag

Die Tips in diesem Buch wollen nur mögliche Problemlösungen vorschlagen. Autor und Verlag können deshalb keinen absoluten Erfolg garantieren. Beim Umgang mit Schädlingsbekämpfungsmitteln und anderen chemischen Produkten empfehlen wir besondere Vorsicht.

Umschlag: Josef Blaumeiser
Printed in Germany
ISBN 3.7735.5116.9

Liebe Leser,

früher waren die Gärtner dafür bekannt, daß sie wahre Schätze patenter Rezepte gesammelt hatten, aber eifersüchtig hüteten. Sie wußten immer schon, wie der Samen sicher zum Keimen gebracht werden kann, die Stecklinge sich bewurzeln, Blüten aufgehen, Früchte reifen und den Winter über gelagert werden können. All das lehrten sie – wie eine geheime Wissenschaft – aber nur ihren Söhnen oder würdigen Nachfolgern.

Es hat Jahrzehnte gedauert, bis erste Sammlungen dieser altbewährten, immergrünen Rezepte zusammengestellt und veröffentlicht wurden. Inzwischen gibt es jedoch so viele neue Mittel aus chemischen Labors und Methoden, die genauso natürlich und unbedenklich anzuwenden sind, wie manches lang erprobte Hausmittel.

Da kaum jemand mehr alle diese Einzelheiten im Kopf behalten kann, war es längst an der Zeit, die wichtigsten und interessantesten „grünen“ Rezepte zu sammeln und herauszugeben. Sie werden sehen, mit diesen 999 altbewährten und brandneuen Tips und Tricks werden Ihre Balkon- und Zimmerpflanzen besser gedeihen, Ihr Garten wird zu jeder Zeit in schönster Blüte stehen, gesunde Früchte tragen und für die Familie zum grünen Zimmer unter freiem Himmel werden.

Viel Erfolg wünscht Ihnen
Ihr

Inhalt

Es sprießt aus Töpfen und Kästen

Die besten Tips für Zimmer- und Balkonpflanzen

Apfelduft läßt Blüten blühen

- Viele junge Topfpflanzen blühen früher, wenn man neben sie einen reifen Apfel legt und eine Plastikfolie darüberzieht. Die Reifegase der Frucht beschleunigen die Knospenbildung.
- Aus demselben Grunde vermeidet man, eine Obstschale neben die Blumenvase zu stellen. Die Blüten welken erheblich schneller, selbstverständlich auch neben anderen reifen Früchten.

Keine Samen ansetzen lassen

- Verblühte Blumen werden abgekniffen, bevor sich der Ansatz zu einer Samenanlage bilden konnte; denn das kostet die Pflanze unnötig Kraft und hemmt den weiteren Blüheifer.
- Zwiebel- und Knollenpflanzen müssen vor Samenansatz bewahrt werden, damit sie alle Aufbaustoffe für die nächstjährige Blüte einlagern.

Einjährige freiwillig verabschieden

- Einjährige Topfblumen nach ihrer Blütezeit weiter zu kultivieren, ist manchmal technisch möglich, aber meist nicht ratsam. Sie werden nie wieder so schön wie im ersten Jahr.

Mach mal Pause

- Kakteen und die meisten anderen ausdauernden Blütenpflanzen blühen nur, wenn ihre jeweils arteigene Ruhezeit eingehalten wurde.
- In den meisten Fällen folgt die Wachstumspause nach der Blütezeit, es gibt jedoch Ausnahmen, die danach erst mal flott in den Trieb gehen und vor der Blüte ruhen.
- Die Ruhezeit wird langsam eingeleitet, indem weniger gegossen und nicht mehr gedüngt wird, niemals von einem Tag zum anderen damit aufhören.

- Ebenso leitet man das neue Wachstum mit behutsam steigenden Wassergaben und ersten schwächer konzentrierten Düngergaben ein.
- Kakteen und Knollengewächse brauchen die totale Trockenruhe, andere dagegen dürfen nie ganz austrocknen.
- Kakteen kann man zu diesem Zweck dick in Zeitungspapier wickeln und im Keller auf einem Schrank oder Regal stapeln.
- Geranien hängt man mit Wurzeln ohne Erde über eine Leine.

Ein neuer Topf – ein neuer Start

- Zu Anfang oder Ende der Ruhezeit wird meist umgetopft, ohne den alten Ballen zu zerstören.
- Ausnahmen sind Ballen, die von einem trockenen, abgestorbenen Wurzelnetz so dicht überzogen sind, daß keine Verbindung zur neuen Erde entstehen kann.
- Den Wurzelballen verkleinern, hilft bei Riesengewächsen den Triebumfang etwas zu begrenzen.
- Der neue Topf sollte, von Ausnahmen abgesehen, nie zu groß sein, damit sich zwischen den Wurzelringen an der Topfwand entlang nicht zu große, lockere Zwischenräume bilden.

Torf in den Topf

- Torfkultursubstrate (TKS) und Torfmischungen mit Ton, Sand, anderen Erden sind die ideale Füllung der Pflanzgefäße, weil zu viel Gießwasser darin nicht gleich versauert. Aber:
- Torf darf nie austrocknen, sonst nimmt er nur sehr schwer wieder Wasser an. Das gilt vor allem für Balkonkästen in praller Sonne, die mehrmals am Tag Wasser brauchen.
- Um den Torf benetzbarer zu machen, hat man Topfpflanzensubstraten Spuren eines Spülmittels zugesetzt.
- Ist es dennoch passiert, müssen die trockenen Kästen in die Badewanne gestellt und getaucht werden. Gießwasser würde nur die Hauswand runterlaufen.
- Die Flutdauer richtet sich danach, wie lange noch Luftblasen aus der Erde aufsteigen.

Wasser nur warm und weich

- Normales Leitungswasser ist ungeeignet für die meisten Topfpflanzen; es muß deshalb in einem offenen Gefäß mehrere Tage abstehen, damit das Chlor verdampft, der Kalk sich absetzt, die Temperatur steigt.
- Ein Beutel Torf wird 24 Stunden in das Wasser gehängt, um es weicher zu stimmen.

- Das Wasser abkochen, treibt ebenfalls überharten Kalkgehalt wieder heraus.
- Dieselbe Wirkung hat 1 Messerspitze Superphosphat auf 1 l Wasser ein- oder zweimal die Woche.
- Kommerzielle Weichmacher in Tablettenform, die mit dem Farbton des Wassers anzeigen, ob sich der Kalk gesetzt hat, haben den Nachteil, giftig zu sein. Wo Tiere und Kinder im Haus sind, muß der Behälter also verschlossen aufgestellt werden.
- Weitgehend nutzlos sind Eierschalen im Gießwasser; denn ihr Kalk löst sich nicht. Der minimale Stickstoffgehalt aus den Resten von Eiweiß wird mit stechendem Geruch bezahlt.

Regen bringt Segen

- Die natürlichen Niederschläge vertcilen sich bedauerlicherweise selten so, wie sie im Kulturablauf gebraucht werden, deshalb versucht man oft, sie zu sammeln.
- Auf dem Dach sammeln sich Schadstoffe aus der Luft, die erst runtergespült werden müssen, bevor das Regenwasser aufgefangen werden kann.
- In Industriegebieten ist deshalb grundsätzlich auf Regenwasser zu verzichten.
- Man kann sich dafür in die senkrechte Regenrinne eine Klappe einbauen lassen.
- Legt man auf das Sammelgefäß einen Deckel, wird der erst abgenommen, wenn das Wasser sauber ist.
- Geprüft wird der pH-Wert mit Lackmuspapier.
- Eine sichere Abdeckung ist auch nötig, wenn Kleinkinder im Garten spielen.

Gießen, nicht ersäufen

- Mehr Topfpflanzen werden ertränkt, als daß sie an irgendeiner Art von Schädlingen eingehen.
- Den Wasserbedarf zeigen die Pflanzen daran, wie schnell es geht, bis der Erdballen deutlich sichtbar trocken wird.

- Es genügt dabei nicht, auf die Oberfläche zu sehen; schon fingerbreit drunter kann es naß genug sein.
- Im Zweifel den Trocken-Test machen: Nicht gießen, bis erste Welkezeichen auftreten. Bei völlig normalen Blatt- und Blütenpflanzen außerhalb des Wachstums hat es 18 Tage gedauert, bis das erkennbar wurde.
- An den Topf klopfen und horchen, ob sein Ton heller klingt, ist eine Hilfe nur bei absolutem Gehör. Plastiktöpfe sagen auch dann nichts.
- Meist gießt man besser morgens, damit die Feuchte bis abends wieder etwas aufgetrocknet ist.
- Balkonkästen dagegen werden abends gründlich durchgefeuchtet, falls nötig noch einmal vormittags, nie aber in der heißen Mittagszeit.
- Die wenigsten Pflanzen mögen beim Gießen von oben her eingeweicht werden, einige gehen dann sogar ein. In diesen Fällen wird nur in den Untersatz oder bei Alpenveilchen und anderen Knollen sorgfältig daneben, nie ins Herz gegossen.
- Allzu langes Fußbad verträgt keine Topfpflanze. Wird also von unten gegossen oder läuft zuviel durch das Abflußloch, ist der Untersetzer oder Übertopf nach höchstens einer halben Stunde auszugießen.
- Das Einfüttern der Töpfe in Torf hält sie gleichmäßiger feucht, vermindert die Verdunstung und damit den Wasserbedarf insgesamt. Über dem Torf baut sich ein Luftpolster mit erhöhter Feuchtigkeit auf, das zugleich für viele tropische Gewächse in der trockenen Heizungsluft überlebenswichtig ist.

Urwaldluft wie in Regenwäldern

- Hoch mit Wasserdampf gesättigte Luft kann nur im geschlossenen Blumenfenster auf die Dauer gehalten werden.
- Nur einige weichblättrige Topfgewächse vertragen kein Wasser auf den Blättern, alle anderen leben auf, wenn sie vormittags oder gar täglich mehrmals mit dem Spritzball oder anderen Sprühgeräten eingenebelt werden.

- Härtere Gewächse kommen in der Badewanne unter die Dusche, um den Staub richtig herunterzuspülen.
- Am besten ist ein warmer Regen, jedenfalls in den Monaten von Frühjahr bis Herbst.

Glänzende Blätter

- Staub und andere Ablagerungen wischt man mit einem trokkenen, weichen Tuch von den Blättern ab.
- Blattglanzmittel sind mit Vorsicht zu genießen; denn manche der Hausmittel wie Glycerin und Speiseöl müssen erstens sehr verdünnt aufgetragen werden, zweitens verstopfen sie eher die Poren und drittens scheinen sie viel schneller als normal einen neuen Blattputz zu verlangen.
- Glänzen Pflanzenblätter stärker als natürlich, wirkt das unnatürlich und damit keineswegs attraktiver.

Gut genährter Glanz

- Am schönsten glänzen die Pflanzenblätter, wenn sie gut ernährt sind, ausgenommen Fettpflanzen und Buntblättrige, die dann leicht ihre hübsche Zeichnung verlieren.
- Topfpflanzen brauchen Volldünger mit wenig Stickstoff, dafür mehr blütenfördernde Nährstoffe in guter Mischung; denn es kommt ja gerade darauf an, daß sie nicht zu wild wuchern.
- Vorratsdünger wie Hornspäne und Knochenmehl haben eine gewisse Langzeitwirkung, bieten aber nur Stickstoff.
- Besser sind die Flüssigdünger oder verflüssigte Düngesalze, von denen man mit 50 g auf 1 l Wasser eine Stammlösung herstellt. Um daraus eine 0,1prozentige Lösung herzustellen, müssen einem Liter Gießwasser 20 Kubikzentimeter zugefügt werden.
- In der Wachstumszeit wird wöchentlich einmal, im Übergang alle zwei Wochen, am besten an einem festen Wochentag gedüngt.

- Vor dem Düngen muß der Wurzelballen gut angefeuchtet sein, daß keine Salzschäden durch Überkonzentration entstehen, nachdem das Gießwasser aufgesogen wurde.

Nicht zuviel des Guten

- Die Höchstdosis der jeweiligen Nährstoffkonzentration im Gießwasser richtet sich stets nach der Salzverträglichkeit der Pflanzen.
- Salzempfindliche Gewächse bekommen schwächere Lösungen nur alle zwei Wochen.
- Am wenigsten – mit höchstens einem halben Gramm Volldünger auf den Liter Gießwasser – erhalten Bromelien und verwandte Arten, einige Farne und Heidegewächse von Magerstandorten.
- Einige Blütenpflanzen wie Begonien, Primeln und Pantoffelblumen bekommen ein Gramm pro Liter.
- Mittelstarke Zehrer – vom Alpenveilchen bis Zimmerkalla, aber auch der Gummibaum – erhalten ein bis zwei Gramm pro Liter.
- Starkzehrer erkennt man am Riesenwuchs ihrer Blätter, etwa der Aralien, Aspidistra (Schusterpalme), Aronstabgewächsen wie der Purpurtute bis zur Zimmerlinde. Sie bekommen zwei bis vier Gramm pro Liter.

Kuhmist im Wohnzimmer

- Organische Düngemittel wie Kleintiermist, Stalldung oder Vogelausscheidungen können nicht ernstlich für die Verwendung im Zimmer empfohlen werden.
- Da es dennoch immer wieder empfohlen wird, hier die Vorbereitung: 20 bis 30 g des Tierkotes werden in 1 l Wasser angesetzt und bleiben so lange darin, bis die Brühe schäumt. Das wird etwa ein bis zwei Wochen dauern. Danach wird die Brühe verdünnt, bis sie etwa so aussieht wie der Frühstückstee im Hotel.

Nicht gedüngt werden:

- Alle Pflanzen, die frisch umgetopft worden sind, müssen sich erst eingewöhnen, ehe sie gedüngt werden dürfen.
- Neu in frisches Substrat getopfte Pflanzen bekommen erst Dünger, wenn die Wirkung der darin enthaltenen Nährstoffe sichtlich nachläßt.
- Neu gekaufte Pflanzen düngt man erstmals, wenn ihnen anzusehen ist, ob sie Nährsalze mit auf den Weg bekommen haben oder nicht.
- Nicht gedüngt werden erkrankte Pflanzen, das könnte ihnen eher schaden. Erst wenn der Schaden beseitigt ist, wird mit schwachen Dosen langsam wieder begonnen.
- Nicht gedüngt werden alle Kräuter für die Küche, die im Balkonkasten oder den Winter über im Blumentopf auf der Fensterbank in der Küche getrieben werden.
- Nicht düngen hilft, Pflanzen zur Blüte zu bringen.

Gurkenglas und Yoghurtbecher

- Statt in Erde wachsen neunzig Prozent der hiesigen Zimmerpflanzen in reinem Wasser, einschließlich Kakteen und anderen Dickblättern.
- Als Behälter dient jedes Glasgefäß mit weiter Öffnung, wie Gurkengläser, Gläser von Pulverkaffee oder Konfitüren.
- Ihren Halt bekommt die Pflanze in einem durchlöcherten Yoghurtbecher, der genau in die Öffnung paßt und mit Kieseln oder einem ähnlichen neutralen Material ein bißchen beschwert wird.
- Die Wasserfüllung wird stets auf gleicher Höhe, aber so niedrig gehalten, daß der Wurzelhals nicht ständig naß ist.
- Orchideenwurzeln faulen so leicht, daß sie überhaupt nicht ins Wasser kommen dürfen; hier sind 5 mm Wasserstand das höchste; manche Farne vertragen kaum 10 mm.
- Ganze Pflanzengruppen kommen mit 2 cm Pegelstand am besten zurecht.

- Ein verdunkelter Wurzelraum verhindert zwar die Algenbildung, doch haben ein paar grüne Algen kaum nachteilige Wirkung.
- Wasserwechsel und Düngung werden überflüssig, wenn man einen Ionenaustauscher einsetzt, der etwa ein halbes Jahr für Nahrung und Entsalzung zugleich sorgt.
- Andernfalls gibt es während der Wachstumszeit alle ein, zwei Wochen eine Messerspitze (1 g/l) Hydrokultursalz.
- Diese Kulturweise ist vor allem nützlich, wenn man oft verreisen muß, oder für Plätze, an denen die normale Pflege, insbesondere das Gießen, erschwert ist.
- In acht Monaten haben größere Pflanzen knapp 60 l Wasser aufgenommen, wenn sie am Fenster stehen, sonst nur 25 l.

Kaktus oder Zwergefeu in der Flasche

- Pflegeleicht sind kleinere Zimmerpflanzen in großen Flaschen. Sie haben offenbar das frühere Segelschiff in der Buddel ersetzt.
- Das Flaschenglas muß klar sein, also nicht eingefärbt, sonst stimmt die Lichteinstrahlung nicht mehr.
- Der Bodengrund sollte verrottungsfrei aus Torf und Sand bestehen.
- Kleinwüchsige Pflanzen mit hohem Anspruch an Luftfeuchtigkeit werden mit stockverlängerten Gäbelchen eingesetzt.
- Ein Tropfen Wasser hält sich in der gespannten Luft tagelang am selben Fleck, deshalb muß nur der Grund, und das höchstens alle paar Wochen, bei erkennbarem Anlaß gewässert werden, falls nicht ausgesprochene Aquarienpflanzen eingesetzt wurden.
- Sind Flaschenwände innen ständig beschlagen, wurde zu viel gegossen und man muß den Verschluß offen lassen, bis sich der Wasserhaushalt wieder normalisiert hat.
- Sind die Flaschenkinder nach ein, zwei Jahren zu groß geworden, hilft nur die radikale Neupflanzung.

Die Hausfrau hat gern was auf dem Balkon

- Wo es nicht erlaubt oder möglich ist, stabile Balkonkastenhalter in der Wand oder am Geländer zu verankern, muß notfalls mit kräftigem Draht für den nötigen Halt gesorgt werden.
- Auf schräge Fensterbretter wird vorn eine Leiste gelegt, damit die Kästen waagerecht stehen und das Wasser nicht so leicht überläuft.
- Damit das Gießwasser nicht immer an der Wand lang läuft, kommt unten in jeden Kasten eine dicke Lage Torfmull, die hoch saugfähig ist.
- Ideal für den Balkon ist eine Tröpfchenbewässerung, die es bei keiner Witterung dazu kommen läßt, daß Wasser durchläuft, wenn sie mit einem Feuchtigkeitsfühler und Magnetschalter verbunden ist.
- Hängt man Plastikfolie oder eine Lage Zeitungspapier über die Balkonpflanzen, überstehen sie erste und letzte Frostnächte.
- Mit Heidekraut und Kleinkoniferen bepflanzt, brauchen die Kästen selbst im Winter nicht leerzustehen.
- Setzt man im Herbst Blumenzwiebeln ein und stellt die Kästen an geschützter Stelle auf, blüht es bereits im zeitigen Frühjahr.
- Wechselnde Bepflanzung, auch mit Küchenkräutern und Gewürzen, macht den Balkonkasten zum Gartenersatz. Es gibt sogar rankende, immertragende Erdbeeren, die darin ausgezeichnet gedeihen.

Gießen von Blumentöpfen

- Kalkhaltiges Gießwasser wird neutraler, wenn man es abkocht, lange genug stehenläßt (dabei verflüchtigt sich zugleich die häufige Chlorbeimengung) oder einen Beutel Torf hineinhängt.
- Dürfen Topfpflanzen beim Gießen nicht naß werden, gießt man nur in Untersatz oder Übertopf.

- Nimmt der Boden kein Wasser mehr an, weil er zu stark ausgedörrt ist, stellt man die Töpfe ganz in ein Gefäß mit Wasser, bis keine Luftblasen mehr aufsteigen.
- Nach einer halben Stunde spätestens wird abgegossen, was nicht vom Topf aufgesaugt worden ist.
- Tritt nach hohen Wassergaben kein Fußbad im Untersetzer ein, ist das Abflußloch zugewachsen. Die Pflanze muß ausgetopft werden und das Abflußloch mit einer Tontopfscherbe vor dem Zuwachsen bewahrt werden.
- Hängepflanzen und Aufsitzer in Epiphytenstämmen werden wöchentlich einmal ins Wasser gestellt, bis sich die Erde an der Oberfläche dunkler färbt.

Wurzeln in reinem Wasser

- Pflanzen, die nur in Wasser wachsen (Hydrokultur), sollen immer gleichen Wasserstand halten, aber nie so hoch, daß der Wurzelhals ständig feucht ist.
- Gedüngt werden sie mit speziellen Nährsalzen, Flüssigdünger oder einer Ionenaustauscher-Batterie, die ein halbes Jahr über reicht.
- Ruhezeiten werden ebenfalls im Wasser ohne jede Nährstoffzufuhr eingehalten.

Wer hat noch Eierschalen

- Eierschalen im Gießwasser lassen den Boden nicht verkalken, weil der Schalenkalk nicht wasserlöslich ist.
- Die dennoch immer wieder beobachtete Wirkung liegt an den Resten von Eiweiß, aus denen sich etwas Stickstoff absondert.
- Allerdings muß man das Eierschalenwasser draußen aufstellen; denn es beginnt natürlich zu riechen.

Balkonkasten mit doppeltem Boden

- Stellt man den Balkonkasten in einen anderen, der eine Nummer größer und unten nicht durchbohrt ist, kann man für ein verlängertes Wochenende auf Vorrat gießen.

- Dieselbe Vorrichtung verhindert, daß Gießwasser schmutzig auf dem strahlend weißen Zierputz der Hauswand herunterläuft, wenn nach einem heißen Tag reichlich gegossen wird.
- Torfhaltige Erden nehmen besonders schwer wieder Wasser an, weshalb sich empfiehlt, das leichter benetzbare TKS-Instant (siehe Fachbegriffe S. 155) zu verwenden.
- Hoch hängende Balkonkästen gießt man leichter mit der Gartenbrause, die nur schwach aufgedreht wird.

Pflanzgefäße am Tropf

- Freilandpflanzgefäße und Balkonkästen brauchen an heißen Tagen täglich mehrmals Wasser; deshalb ist eine Tropfstelle an fest installierter Zuleitung die ideale Dauerbewässerung.
- Vorratswasser aus dem doppelten Boden wird mit saugfähigen Schnüren hochgezogen.
- Der Übertopf mit nassem Torf gefüllt, hilft ebenfalls über trockene Stunden hinweg.
- Für warme Ferienwochen braucht man mehr als eine feuchte Schnur, die allzu leicht austrocknet.

Ferienzeiten keine Durststrecke

- Balkonkästen und Zimmerpflanzen werden an einer halbschattigen Gartenstelle in eine flache, spatenstichtiefe Grube gestellt und eine durchsichtige Folie darüber gespannt.
- Sind die Gefäße zudem in nassen Torf eingefüttert, können sie dort wochenlang ohne einen Tropfen zusätzliches Wasser auskommen.
- Größere Topfgewächse stellt man um eine hochgestellte Wanne herum auf und leitet das Wasser über dünne Schläuche an Bimskegeln in den Topfballen.

Wasser aus der Plastikflasche

- Eine Plastikflasche ohne Boden wird kopfüber in den Wurzelballen gebohrt. Aus dem Verschluß läßt man durch feine Löcher, mit heißen Nadeln gebohrt, gerade soviel austreten, wie laufend verbraucht wird.

- Die Flasche wird an eine Blumenstütze gebunden, wenn sie gefüllt zu schwer wird.
- Auf diese Weise wird auch der flüssige Dünger zugeführt.

Eine Scheibe unterlegen

- Topfpflanzen im Übertopf oder Untersatz düngt der fortschrittliche Liebhaber mit Scheibe.
- Dieser Ionenaustauscher hat zwei Funktionen: Er liefert ein halbes Jahr lang ausreichend alle Hauptnährstoffe und einige Spurenelemente.
- Zugleich werden dem Gießwasser pflanzenschädliche Stoffe wie Chlor, Natrium und Bikarbonat entzogen.

Einfach Gras darüber wachsen lassen

Die besten Tips zur Rasenpflege

Wann Rasen gesät werden soll

- Den Boden am besten im Frühjahr vorbereiten und erst im Herbst säen. Das ist so gut wie immer und überall die beste Jahreszeit dafür.

Am besten im Schachbrettmuster

- Kein Streuwagen verteilt den Rasensamen so gleichmäßig wie vier Latten, die zu einem Quadrat von einem Meter Seitenlänge zusammengenagelt worden sind.
- Die Saatgutmenge für diese Fläche wird ausgewogen und zwischen Daumen, Zeige- und Mittelfinger ausgestreut, Kästchen neben Kästchen.

Rasensamen festtreten

- Zum Schutz vor Vogelfraß und damit die sehr unterschiedlich schweren Grassamen sich nicht entmischen, läßt man die Körner nicht auf der Oberfläche liegen, sondern häckelt sie mit einem Eisenrechen nicht zu tief in die lockere Oberkrume.
- Mit zwei Brettern, die unter die Schuhe gebunden oder an Schnüren festgehalten werden, stellt man den Bodenschluß her.
- Wenn man selbst zu viel Gewicht auf die Waage bringt, läßt man lieber ein Kind die Rasensaat festtreten.
- Nach dem ersten Schnitt tritt man den vom Keimen angehobenen Boden noch einmal fest, damit sich mehr Seitentriebe bilden.

Bleibt der junge Rasen dünn und blaß

- Kahle Stellen in einer Neusaat können vier Gründe haben: mangelhaftes Saatgut, zu nasser Boden, heiße Sonne oder hungrige Vögel. Die Stellen werden gut durchgeharkt und dick nachgesät.

Regnerwasser statt Regenwasser

- Reichen die Niederschläge oder nächtlicher Tau nicht, um die keimende Saat gleichmäßig feuchtzuhalten, dann wird mit Nebeldüsen so fein wie möglich nachts beregnet.
- Tagsüber wird der Regner angestellt, um die Sämlinge vor saaträuberischen Vögeln zu schützen. Netze helfen auf kleineren Flächen ebenfalls.

Lieber einmal gründlich

- Wird oft und zu wenig bewässert, bilden die Gräser hauptsächlich flache Wurzeln; außerdem werden flachwurzelnde Unkräuter gefördert. Deshalb muß der Boden jedesmal mindestens 10 cm tief durchgefeuchtet werden.

Wassermangel-Farben

- Wassermangel zeigt sich zunächst als bläulicher Schimmer über der Rasenfläche, die Halme wirken leicht welk. Erst später verfärben sie sich gelblich, bevor sie braun vertrocknen.

Wer will schon Heu ernten?

- Hungerrasen sieht nicht bloß dürftig aus, er ist auch krankheitsanfällig. Deshalb geht es nicht ohne ein gewisses Maß an Nährstoffen.
- Die Nährstoffansprüche sind jedoch nicht immer gleich: Im Frühjahr wird Stickstoff verlangt, im Herbst Phosphor und Kali.

Damit der Rasen nicht verbrennt

- Selbst alte Rasenhasen haben schon Löcher in die Narbe gebrannt, wenn sie Mineraldünger freihändig ausgestreut haben. Auch Langzeitdünger sind dagegen keine Sicherheit.

- Der Streuwagen ist vor allem an den Wendepunkten ein zusätzliches Risiko, deshalb besser gar nicht wenden, sondern über die Rasengrenze hinausfahren und dann erst umsetzen – Radspur in Radspur.

Rasendünger mit UV-Wirkung

- Die erste Rasendüngung wird bis Mai verschoben, wenn damit zugleich das Unkraut selektiv bekämpft werden soll, weil es sich erst dann in vollem Wachstum befindet.

Unkraut ist wasserscheu

- Gute Pflege, regelmäßiger Schnitt und richtiges Wässern (zuviel fördert manches Unkraut!) sind die beste Unkrautbekämpfung, ohne alle Chemie.

Tausendschön im Rasen

- Tausendschön (Gänseblümchen) und Löwenzahn müssen im Rasen nicht mit allen Mitteln bekämpft werden; denn sie sind schöner als eine sterile Grasstoppelfläche.

Soviel Zeit muß sein

- Bevor Dünger ausgestreut wird, sollten die Gräser trocken sein, damit die Körner nicht klebenbleiben.
- Drei oder vier Tage vor dem Düngen sollte der Rasen gemäht werden, so daß nichts im Halmgewirr hängenbleibt.

Eisen räumt mit dem Moos auf

- Gegen Moos wird kein Kalk gestreut; denn der darf nur gegeben werden, wenn der pH-Wert (siehe Fachbegriffe S. 154) zu weit abgesunken ist: zwischen 4 und 6 pH gefällt es den meisten Rasengräsern am besten.

- Moosansatz beseitigen vielmehr 50 bis 60 g Eisenvitriol in einer 10-l-Kanne voll Wasser, wovon 1 l auf 1 m^2 ausgegossen wird.
- Wichtiger als Eisen ist: die Ursache des Vermoosens zu beseitigen. Das sind: Verdichtung, mangelnde Pflege, Nässe, Schatten, zu kurzes Mähen.

Sand gegen viele Unkräuter

- Rasen-Sand hilft gegen die meisten gewöhnlichen Unkräuter bei wiederholter Behandlung; einige sind sogar schon nach dem ersten Mal verschwunden.
- Rasen-Sand ist reiner, kalkfreier Flußsand, kurzfaseriger Hochmoortorf und feinbröckeliger Lehm in unterschiedlicher Zusammensetzung:
- Für schweren Boden mehr Sand, für leichten mehr Torf und Lehm.

Erst einmal aufreißen

- Um Luft zu schaffen, muß die verfilzte Grasnarbe zerrissen werden, am besten mit einem Federbalken, der statt des Messers unter den Rotationsmäher geschraubt wird.
- Sieht der Rasen danach aufgewühlt aus und deshalb zu dünn, mischt man dem Rasen-Sand oder einem anderen Top-Dressing (siehe Fachbegriffe S. 155) 15 g Rasensamen pro 1 m^2 bei.

Rost auf Rasen

- Rote Härchen auf den toten Hälmchen deuten auf Blattrost. Abhilfe: mehr Stickstoff düngen und Rasen-Sand im Frühjahr.

Ein weißer Schimmel

- Weißer Schimmer bei feuchtem Wetter zeigt Schimmel im Herbst an. Abhilfe: weniger Stickstoff düngen, Lüften und Top-Dressing.

Hexenringe sind keine Zauberei

- Dunkelgrüne Ringe, in deren Mitte das Gras abstirbt, werden von echten Pilzen gezogen. Abhilfe: mit der Grabegabel die Stelle aufstacheln und 130 g Magnesiumsulfat auf 10 Liter Wasser gießen. Oder: 30 bis 40 g Eisensulfat in 10 l Wasser auf 1 m^2 gießen.
- Da gegen den Hexenzauber oft alle Mittel versagen, greifen versierte Kenner gleich zum letzten Mittel: Sie graben den Boden im Kreis 20 cm tief aus und vergraben ihn an anderer Stelle des Gartens tief genug. Vorsicht, daß keine infizierte Erde beim Wegtragen auf den Rasen fällt.

Gegen Unkräuter

- Kalziniertes Eisensulfat hilft auch gegen andere Unkräuter, wo alle üblichen Mittel wirkungslos waren. Sicher wird der

Rasen schwarz davon, aber binnen drei Wochen hat er sich wieder erholt.

Kahle Stellen

- Kahle Stellen werden in Quadraten ausgestochen und mit neuen Soden (Grasnarbe) belegt, nachdem der Untergrund mit der Grabegabel aufgelockert wurde.
- Löcher am Rasenrand werden rechteckig weit genug in die Rasenfläche hinein ausgestochen, der Soden an den Rand geschoben und so abgestochen, daß er mit der Grenze abschneidet. Dann wird die dahinter entstandene Lücke mit neuem Rasen ausgelegt.
- Steht kein Fertigrasen zur Verfügung oder ist die Lücke zu groß, wird die Schadstelle aufgelockert und mit 30 g pro Quadratmeter neu eingesät.

Rauswurf für den Maulwurf

- Unter dem Rasen wäre ein Maulwurf regelrecht nützlich, weil er manches Ungeziefer frißt, aber die Haufen stören denn doch. Deshalb: Legen Sie ein Stück Karbid in die Gänge und der Maulwurf verzieht sich.

Wühlmäuse sind hartnäckiger

- Um Wühlmäuse loszuwerden, ist jedes Mittel recht, da die meisten versagen. Einzige Abhilfe: dranbleiben.

Ameisen nur in Massen lästig

- Die kleinen, lockeren Ameisenhaufen stören beim Mähen kaum und hinterlassen selten Lücken. Nur äußerstenfalls also ein Ameisenmittel gießen, nachdem die Nester mit der Grabegabel aufgebohrt wurden.

Engerlinge beschützen

- Wird ein Engerling gefunden, bringen Sie ihn zum nächsten Zoo, damit die Maikäfer nicht ganz aussterben.
- Dasselbe verlangen Umweltschützer inzwischen von Werren oder Maulwurfsgrillen.

Erdraupen ködern

- Larven der Saateulen können ausgedehnte Stellen an Graswurzeln kahlfressen. Ehe das geschieht, werden sie geködert mit einer Mischung aus Weizenkleie und Zucker im Verhältnis 10:1, dem ein Mittel aus der Gruppe von Parathionäthyl oder -methyl beigegeben wurde.

Heidschnucken sind Allesfresser

- Als leise Rasenmäher werden immer wieder Heidschnucken empfohlen. Doch das geht nur auf Riesenrasenflächen gut, die eingezäunt sind; andernfalls fressen die Schafe den ganzen Garten kahl.
- Wenn die Schnucken angepflockt sind, machen Trittsiegel und Schafmist den Rasen in großen Kreisen unbenutzbar.

Lieber grunderneuern

- Einen vernachlässigten Rasen sollte man nicht mehr aufpäppeln, sondern lieber von Grund auf erneuern. Als erstes spritzt man den Altrasen mit einem Kurzzeit-Herbizid, zieht die Reste nach zwei Wochen ab und streut dann reichlich Humusdünger.
- Darin sät man 15 bis 20 g/m^2 einer Gräsermischung, die speziell zur Regenerierung geeignet ist, und legt eine Klarsichtfolie darüber, bis alle Gräser ausgekeimt sind.

Herbstlaub häckseln

- Herbstlaub muß nicht mühsam abgefegt werden, wenn es beim letzten Rasenschnitt durch den Mäher gedreht und als Gemisch in den Kompostsilo eingetragen wird.

Rasenschnitt macht heiß

- In der Kompostherstellung ist Rasenschnitt sehr wertvoll, nicht nur wegen seines Nährstoffgehalts, sondern weil richtig gepackte Lagen den Kompost bis auf 70 Grad Celsius aufheizen können, so daß alle schädlichen Keime ausgebrannt werden.

Harte Blüten- und Samenstengel

- Nach dem Mähen stehen häufig harte Blüten- und Samenstengel über dem kurzgeschorenen Rasenteppich, wenn man nicht mit dem Sichelmäher arbeitet. Dagegen hilft nur eine Handsichel oder Grasschere, die auch für Rasenkanten gut geeignet sind.

Auf dem Rasen soll gespielt werden

- Die Grasnarbe wird dichter, wenn auf dem Rasen gelaufen und gespielt wird, weil die Tritte den Wuchs in die Breite fördern. Es entstehen mehr Seitentriebe, der Bestand verdichtet sich und wird dadurch widerstandsfähiger.

Unter der Schneedecke ist es warm

- Schnee wird nicht von der Rasenfläche geräumt, da er der beste Winterschutz ist, solange er locker und nicht vergletschert ist.

Blumen aus feiner Zwiebelschale

Die besten Tips für Zwiebeln und Knollen

Rasen und Zwiebeln vertragen sich

- Viele Frühblüher kommen erst auf dem grünen Rasen richtig zur Geltung. Sie wachsen gut, wenn eine Bedingung erfüllt wird: Sie müssen bis zum Vergilben der Blätter ungemäht bleiben oder herausgenommen und an einer anderen Gartenstelle zum Einziehen eingepflanzt werden, bis die Blätter völlig vertrocknet sind.

Krokus und Rasen vertragen sich nicht

- Die einzige Ausnahme sind Krokusse, deren Wurzelwerk in der harten Grasnarbe verkümmert. Deshalb hat man eine Topfmethode erfunden, bei der 6-cm-Töpfe bis zum Rand in den Rasen eingegraben werden, deren Boden mit einem spitzen Hammer herausgeschlagen worden ist, damit sich die Wurzeln unter dem flachen Graswurzelwerk ausbreiten können.

Amseln lieben Krokusse

- Niemand hat bisher herausgefunden, weshalb die Amseln im Frühjahr ausgerechnet über die Krokusse herfallen und sie zerzausen.
- Trinkwasser in die Nähe der Krokusse zu stellen, hat geholfen, denn man hat beobachtet, daß die Vögel die Blüten dann zufriedenlassen.
- Oder: Ein Tropfen Kampferöl vergällt es den Amseln, die Blüten gelber Krokusse zu zerfleddern.

Kleinblumenzwiebeln legen sich flach

- Schneeglöckchen, Schneestolz und Schneeglanz legen ihre Blätter schon früh auf den Boden des Rasens, so daß man mit einem höher eingestellten Mäher bald nach der Blüte vorsichtig darüber wegfahren kann.

Keine Samen bilden

- Es ist nicht ratsam, die abgeblühten Blütenstiele an den Pflanzen zu lassen, weil die Aufbaustoffe für die Samenkapsel den Vorräten für die nächstjährige Blüte entzogen, also nicht in der Zwiebel oder Knolle eingelagert werden.

Manche Zwiebeln mögen keine Nässe

- Wegen ihrer dünnen Schale sind viele Zwiebelgewächse empfindlich gegen zu viel Nässe, vor allem die Schuppenzwiebeln der Lilien.
- Lilien sind völlig winterhart, aber sie brauchen an feuchten Plätzen eine Dränage unter jeder Pflanzstelle und vor allem in milden, naßkalten Wintern einen Wasserschutz unter Folie, keinen Frostschutz.
- Die trockenhäutigen Tulpen müssen deshalb im Sommer aus der Erde genommen werden, um trocken zu lagern.

Ein guter Wurf

- Es ist schwieriger, als man erwarten sollte, Krokusse in einem abwechslungsreichen, scheinbar zufälligen Muster zu pflanzen.
- Ein alter Gärtnertrick hilft: Man nimmt jeweils soviel Zwiebeln in beide Hände, wie zusammen gelegt werden sollen, und wirft sie ein Stück hoch in die Luft. Sie werden gepflanzt, wo sie hingefallen sind.

Blumenzwiebeln gehen selber in die Tiefe

- Alle Zwiebelarten, deren Tochterknollen oberhalb der Mutterknolle entstehen, schicken Zugwurzeln senkrecht nach unten, dort verdicken sie sich und ziehen die gesamte Zwiebel mitsamt dem Wurzelballen nach unten.
- Ist die richtige Tiefe erreicht, werden sie zu normalen Saug-

wurzeln. Deshalb ist die richtige Pflanztiefe nicht entfernt so wichtig wie der ausreichende Pflanzabstand.

Lilien halten keinen Wurzeldruck aus

- Lilien, Kaiserkronen und einige Scilla kennen von ihrer Heimat, den lichten Waldböden, wenig Wurzeldruck und gedeihen deshalb im Garten nicht besonders gut, wenn sie zu dicht mit Bodendeckern zugepflanzt werden.
- Da sie zugleich einen schattigen Fuß brauchen, kommt nur eine dicke Bodendecke aus Torf in Frage.

Pflanztiefe verlängert Blütezeit

- Je tiefer man Blumenzwiebeln legt, um so länger brauchen sie bis zum Aufgehen, folglich blühen sie um so später auf.
- Mehr erreicht man mit geschickter Sortenwahl und unterschiedlichen Standorten. Wenn die in voller Sonne stehenden schon verblüht sind, fangen die im Schatten gerade an.

Nicht zu früh düngen

- Frühblühende Blumenzwiebeln dürfen nicht zu früh gedüngt werden; denn sie bringen außer Wasser alles für die Blüte mit.
- Wegen ihrer Salzempfindlichkeit wird nach der Blüte, solange die Blätter grün sind, nur mit schwachen Gaben gedüngt.

Keine Zeit zum Einlagern

- Spätblühende Blumenzwiebeln haben oft keine Zeit mehr, Vorräte für die nächste Saison einzusammeln. Deshalb müssen sie nach der Wurzelbildung mit dem wachsenden Trieb mit blütenfördernden, stickstoffarmen Volldüngern versorgt werden.

Wurzeln wachsen nicht nach oben

- Ausgenommen einige Stengelwurzler unter den Lilien wachsen die Wurzeln aller Blumenzwiebeln pyramidal nach unten.
- Es hat also wenig Sinn, den Boden im Pflanzloch zu verbessern, vielmehr sollte die Pflanzstelle unterhalb der Zwiebeln flächenweise mit Humusdünger versorgt werden.

Anemonen einweichen

- Bevor die Anemonenknollen gelegt werden, weicht man sie einen vollen Tag lang in lauwarmem Wasser ein.

Begonien antreiben

- Knollenbegonien werden Anfang bis Mitte April in flachen Kisten und Torfkultursubstrat (TKS) vorgetrieben. Blumentöpfe haben sich dafür nicht bewährt.

Canna abhärten

- An einem sonnigen, windgeschützten Platz im Freien blüht die Canna reicher und schöner, wenn die ersten Triebe zurückgeschnitten und abgeblühte frühzeitig herausgeschnitten werden, vor allem wenn sie in Pflanzgefäßen stehen. Vorgetriebene Pflanzen sind gründlich abzuhärten.

Dahlien wollen's warm

- Die Dahlienknollen liegen in der naßkalten Erde herum, ohne Wurzeln und Triebe zu bilden, solange die Bodentemperatur nicht auf wenigstens 10 Grad Celsius gestiegen ist. Darum hat es keinen Zweck, sie vor Mai ins Freiland zu pflanzen.
- Vorgetriebene Dahlienknollen legt man nach Mitte Mai 5 bis 10 cm tief.

- Der Pfahl für den Staudenring wird eingeschlagen, bevor die Erde wieder darübergedeckt wird, um die Knollen nicht zu verletzen.

Schnecken zu Dutzenden

- Um die Pflanzstelle der Dahlien legt man vorbeugend einen Ring von trockenen Koniferennadeln, ebenso bei Kaiserkronen, weil sie morgens oft übersät von kleinen Nacktschnecken sind.

Kampf den Ohrwürmern

- Ohrwürmer sind verrückt nach Dahlien, zerfressen ihre Blüten und Stengel. Man fängt sie in künstlichen Schlupfwinkeln: z. B. in mit Holzwolle oder Moos gefüllten Blumentöpfen, Strohbündeln, Lumpen oder Wellpappe, aus denen sie jeden Morgen herausgeholt und vernichtet werden können.

Gladiolen treiben trocken

- Die Reste der alten Knolle, die braune, flattrige Außenhaut und alle Brutzwiebeln werden abgenommen, bevor auf eine merkwürdige Weise vorgetrieben wird: ohne Erde und Wasser, dicht an dicht werden die Knollen an ein sonniges Fenster gelegt.

Lilien nicht knicken

- Die locker sitzenden Zwiebelschuppen und Wurzeln der Lilien dürfen weder geknickt noch gar abgebrochen werden.
- Kann nicht am Tage dcs Einkaufs gepflanzt werden, lagert man sie kühl und luftig in leicht angefeuchtetem Torf.

Schwertlilien nur angießen

- Die Wurzelknollen der Irisarten legt man im August sehr flach mit 40 bis 80 cm Abstand, drückt fest und gießt nur einmal gründlich an. Dann wird nicht mehr gegossen, obwohl der Standort vollsonnig und trocken sein sollte.

- Ist der Boden zu feucht, muß eine Dränage gebaut oder auf einen Hügel gepflanzt werden.

Blumenzwiebeln im Eisschrank

- Blumenzwiebeln, die zur Winterblüte vorgetrieben werden sollen, brauchen einen Kälteschock, damit ihr Treibmechanismus ausgelöst wird.
- Man legt sie dazu einige Tage an die vom Kühler entfernteste Stelle des Eisschranks.

Topfzwiebeln draußen einschlagen

- Topft man die Treibzwiebeln rechtzeitig ein, kann man sie im Freiland solange einschlagen, bis der erste Frost das Signal für den vorgetäuschten Frühling gegeben hat.
- Ausgenommen davon sind nur die ganz frühen Blüher, wie Winterling, Schneeglöckchen und kleine Narzissenarten, die sich ohne Vorbereitung im Zimmer zur Blüte treiben lassen.

Regen reicht nicht aus

- Frisch gelegte Blumenzwiebeln werden häufig nicht angegossen, weil sie kein Wasser zu brauchen scheinen. Nichts wäre falscher. Alle Zwiebeln verlangen mehr Wasser als ein gelegentlicher Regen bieten kann.
- Die Bodendecke aus Floratorf oder TKS, um zugleich etwas wohldosierten Nährstoff in den Boden zu schwemmen, dient dazu, die Feuchtigkeit im Boden festzuhalten.

Auf den Lilien kräht ein Hähnchen

- Das Lilienhähnchen gibt tatsächlich einen zirpenden Laut von sich, wenn man es anfaßt. Die knapp zentimetergroßen Käfer und ihre Larven fressen an den Blättern.
- Man kann die Larven absuchen, die Eier an den Blattunterseiten zerdrücken, die Käfer morgens in Fangtrichter oder auf Pappdeckel schütteln, die mit Raupenleim bestrichen sind.
- Kalkstickstoff oder Staubkainit stören die Schädlinge auf dem Boden.

Schalotten gegen die Narzissenfliege

- Narzissenzwiebeln werden weich nach Befall der Kleinen oder Großen Narzissenfliege, auch Zwiebelmondfliege genannt. Ist es soweit, hilft nur noch, sie mit der Erde drumherum tief zu vergraben und vorher ungelöschten Kalk darauf zu streuen.
- Legt man abseits davon Zwiebeln oder Zwiebelreste aus, auch Speisezwiebeln, Schalotten oder Kartoffeln, sammeln sich die Bruten dort und können vernichtet werden.
- Ist es nicht sicher, ob Narzissen befallen sind, legt man sie ein, zwei Tage in lauwarmes Wasser, dann verlassen die Maden die Zwiebel.
- Falls die Zwiebeln noch zu retten sind, taucht man sie rund zwei Stunden in 43 bis 44 Grad warmes Wasser; das tötet die Larven, ohne den Narzissen zu schaden.

Ritterstern (Amaryllis) mit Rotem Brenner

- Rotfärbungen an Blättern, Blüten und Knollen, die bis zum Umfallen führen können, lassen sich mit tieferen Temperaturen und vorsichtigem Gießen in Grenzen halten.
- Was der Rote Brenner verbrannt hat, wird abgeschnitten und verbrannt, die Schnittflächen sind mit Holzkohle zu behandeln.
- Befallene Trockenzwiebeln bestreicht man mit einem dünnen Brei aus 100 g gebranntem Kalk, 10 g schwefelsaurem Ammoniak und 5 g Schwefelpulver.

Gladiolen hart und trocken

- Der Hart- und Trockenfäule an Gladiolenzwiebeln läßt sich vorbeugen, indem kranke Pflanzen tief vergraben werden.
- Kalk und tiefes Umgraben im Herbst hilft widerstandsfähigen Sorten.
- Besser ist, die Pflanzstellen zu wechseln und weniger feuchtkalte Stellen zu wählen. Weiter hilft ein guter Blumendünger, und die Knollen nicht zu lange in der Erde lassen. Das Laub wird verbrannt.

Gelbe, Weiße, Schwarze Fäule bei Hyazinthen

- Hyazinthen haben mit Fäulen zu tun, denen man mit weniger Stickstoff und trockenem, luftigem Lagern vorbeugen kann.
- Gelbfäule ist vermeidbar, wenn es möglich ist, die Zwiebeln im Herbst einen Monat lang bei 37 bis 38 Grad warmzuhalten.
- Gegen Weiße Fäule hilft, wenn man nicht zu früh und warm treibt, so daß sich erst reichlich Wurzeln entwickeln können, bevor die Blüten kommen.
- Schwarze Fäule behandelt man wie die Graufäule der Tulpen: Was befallen ist, samt Erde tief vergraben, Pflanzstellen wechseln und verdächtige Zwiebeln beizen, solange sie noch keine Wurzeln haben.

Mäuse lieben Blumenzwiebeln

- Das beste Mittel gegen Mäuse ist Mennige, in die Pflanzlöcher oder über die Zwiebeln gestreut. Löst man 1 kg in 3 bis 4 l Wasser, können tausend Tulpenzwiebeln darin getaucht werden.
- Giftfrei hilft ein kleines Drahtkörbchen um jede Zwiebel, das man aus 4-mm-Maschendraht zusammenbiegt.

Geteilte Zwiebeln sind doppelte Blüte

- Knollenbegonien lassen sich teilen, solange sie jung und mittelgroß sind und jedes Teil ein gutes Auge (Knospe) öffnet.
- Die Schnittflächen sollen gründlich abtrocknen, bevor man sie in eine Mischung von Floratorf und Flußsand einlegt.

Ein Auge auf jedem Teilstück

- Dahlien und andere Knollengewächse lassen sich ebenfalls teilen und bringen sortenreinen Nachwuchs, sofern jedes Teilstück ein Auge mitbringt und alle Schnittstellen mit Holzkohlenstaub vor Fäulnis geschützt werden.

Dahlienknollen müssen geteilt werden

- Sind die Knollen großblumiger Dahlien zu groß geworden, müssen sie vor dem Pflanzen aufgeteilt werden, sonst gibt es riesige Büsche, aber keine Blüten.

Montbretien blühen besser

- Die kleinblütigen Gartenformen blühen großartiger, wenn man sie mit Laub unter einer dicken Torfdecke und Plastikfolie (wegen der Winternässe) draußen läßt.
- Sie vermehren sich mit Brutknöllchen an den haarfeinen, aber harten Ausläufern.

Sprößlinge mit guten Ansätzen

- Buntwurz (Kaladie) und andere mehrsprossige Knollenblumen bringen Nachwuchs aus Sproßstecklingen, sobald sich am Ansatz die ersten Wurzeln bilden.

Frühreife Stecklinge

- Stecklinge kann man von allen mehrtriebigen, sommerblühenden Zwiebel- und Knollentrieben schneiden, vor allem bei Arten, die Jahre brauchen, bevor Brutknollen und Sämlinge blühreif werden.

Zwiebelschuppen wie Knoblauchzehen

- Blumenzwiebeln, die nicht aus Schalen, sondern Schuppen bestehen, lassen sich besonders leicht in ihre Einzelteile zerlegen und aufschulen, nachdem die Bruchstellen mit Holzkohlepulver fäulnissicher gemacht wurden.

Alpenveilchen für das Flachland

- Freiland-Alpenveilchen sät man in wenig zersetzten Hochmoortorf (Floratorf) und gibt später je Liter ein halbes Gramm Mehrnährstoffdünger und vier Gramm Kalk zu, so daß sie bis zum Herbst die ersten Knospen treiben.

Gesäte Dahlien blühen früher

- Niedrige und halbhohe Mischungen mit einfachen oder halbgefüllten Blüten aus der Mignon-Klasse, Top-Mix und Unwins Hybriden blühten in Versuchen nach der Märzsaat eher als normal gelegte Knollen.
- Von den so gewonnenen Knollen werden alle, die sich gut vererbt haben, wie normal knollengezogene Pflanzen weiterbehandelt.

Narzissenbrut abfallen lassen

- Doppelnasen von Narzissenzwiebeln dürfen nicht getrennt werden; denn die entstehenden Wunden heilen schlecht.
- Brutzwiebeln müssen soweit entwickelt sein, daß sie von selbst abfallen; abbrechen oder -schneiden ist gefährlich.

Ranunkeln vermehren

- Ranunkeln können aus Brutknöllchen und Klauen vermehrt werden. Die Klauen werden 2 cm tief auf eine dünne Sandschicht gelegt, sie bringen im besten Fall 6 oder 7 Blütenstiele.

Tulpen brauchen Platz

- Die alljährlich neu gebildeten Tulpenzwiebeln bedrängen sich mit der Zeit so stark, daß keine mehr richtig auswachsen kann, selbst wenn reichlich gedüngt wird.
- Deshalb sind sie wenigstens alle drei Jahre auszugraben und an eine Stelle zu setzen, wo mindestens vier Jahre keine Tulpen gestanden haben.

Die Zimmerkalla Zantedeschia

- Nach der Blüte im Winter dürfen Zantedeschia aethiopica nicht mehr gegossen werden, auch wenn die grünen Pflanzenteile absterben und die Erde knochenhart wird.
- Erst Anfang August wird umgetopft, gegossen, gedüngt, aber es darf niemals wärmer als 12 Grad Celsius werden.

Mit der Konservendose Blumenzwiebeln pflanzen

- Blumenzwiebelpflanzer müssen hohl sein und nie spitz, weil sonst die Zwiebel im konischen Pflanzloch stecken bleibt und ein Hohlraum unter dem Zwiebelboden entsteht.
- Eine leere Konservenbüchse passenden Durchmessers holt die Erde genauso aus dem Pflanzloch für Blumenzwiebeln.

Stauden und andere Sommerblumen

Die besten Blumentips

Bodenlockerung mit Schaumstoff-Flocken

- Rigolen, also vor der Staudenpflanzung drei Spatenstich tief umgraben, nützt wenig, wenn nicht dauerhafte Schaumstoff-Flocken zur Bodenlockerung untergemischt werden.

Manche Stauden mögen magere Böden

- Stauden mit silbergrau pelzigen, kakteenartig dicken oder harten Blättern vertragen keinen fetten Boden oder gar stauende Nässe. Sie brauchen Sand und Steine, höchstens daß etwas Humintorf im Pflanzloch das Anwurzeln fördert.

Wurzeln beschneiden

- Es erscheint paradox, Staudenwurzeln vor dem Pflanzen bis auf eine Handbreit einzukürzen, fleischige um ein Drittel. Aber so treiben sie besser neue Wurzeln.

Wuchernde Zierstauden in Grenzen halten

- Wuchernde Zierstauden werden in Grenzen gehalten, indem man die schweren Folien der Torfballen aufschneidet und senkrecht als unsichtbare Begrenzung der Pflanzstelle eingräbt.

Angießen meist überflüssig

- Nur in ausgesprochen trockener Erde müssen Stauden nach dem Pflanzen angegossen werden, und zwar die ganze Fläche vor dem Abdecken mit Torf, nicht etwa nur die Pflanzstellen.

Faustregel für Pflanzabstände

- Die Pflanzabstände bestimmen den späteren Wuchs. Man rechnet auf einen Quadratmeter zwei oder drei große Prachtstauden, drei bis sechs mittelgroße und sechs bis zwölf kleine, für Rasenersatz 15 bis 20.

- Die Faustregel sagt, die halbe mittlere Höhe ist der allseitige Pflanzabstand (also: bei 1 m Höhe ist der Pflanzabstand 50 cm).

Unerwünschter Nachwuchs

- Lange und reich blühende Schmuckstauden werden von Samenbildung geschwächt. Sie entwickeln nur dann pausenlos Seitentriebe, wenn alle abgeblühten Stengel herausgeschnitten werden.

Die richtige Höhe macht Stauden standfester

- Astern, Helenium und Phlox fallen nicht so leicht auseinander, wenn sie um ein Drittel bis zur Hälfte zurückgeschnitten werden, bevor die Blüte beginnt.

Teilen verjüngt

- Altersschwache Stauden werden wieder jung, indem man sie ausgräbt, in faustgroße Teilstücke zerlegt, vornehmlich vom Rande her, und diese wieder einpflanzt.
- Staudensaat ist nur bei den Arten möglich, die nicht zu Sorten hochgezüchtet wurden.

Gleichmäßige Saat per Postkarte

- Feine Sämereien lassen sich mit einem geknickten Stück Pappe von Postkartenformat am besten gleichmäßig auf der Saatfläche verteilen.
- Die richtige Menge wird geprüft, indem man erst einmal auf einem Blatt Papier aussät und darauf die richtigen Abstände herstellt.

Feinere Arten in Saatgefäßen vorziehen

- Nur die wenigsten schnell und robust wachsenden Sommerblumen können an Ort und Stelle gesät werden. Alle feineren Arten werden in Saatgefäßen oder Töpfen vorgezogen.

Konkurrenz belebt das Wachstum

- Als allseitigen Abstand zwischen den Samenkörnern rechnet man ihren fünffachen Durchmesser.
- Die Keimlinge regen sich gegenseitig an, schneller zu wachsen. Ihnen mehr Platz zu geben, bringt also keinen Erfolg.

Kaffeesatz macht den Boden sauer

- Eine Handvoll Kaffeesatz, unter den Torf gemischt, gibt die beste Bodendecke für alle Gewächse, die sauren Boden brauchen, zum Beispiel Azaleen, Rhododendren, Eriken, Hortensien.
- Teetrinker bekommen Kaffeesatz in Restaurationsbetrieben, die froh sind, ihn eimerweise loszuwerden.
- In die Erde von Balkonkästen und Pflanzstellen von Sommerblumen wird Kaffeesatz gegeben zu Begonien, Tausendschön, Meerlavendel, Lupinen, Löwenmaul, Kosmeen und Studentenblumen.

Wenn der Boden zu sauer ist

- Zonalpelargonien (Geranien) brauchen dagegen zwei Gramm Düngekalk auf den Liter Torf, saure Torfe müssen sogar noch weiter aufgekalkt werden.
- Alle Ein- und Zweijahrsblumen außer Cosmos, Tagetes und Limonium wachsen optimal in alkalischen Böden über dem pH-Neutralpunkt von 7.

Im zweiten Jahr auf den Kompost

- Nach der Blüte werden ein- und zweijährige Sommerblumen kompostiert, selbst wenn sie den Winter hier überstehen würden. Sie blühen nie wieder so schön wie im ersten Jahr.

Eine zweite Blüte

- Sommersalbei und -margeriten, Rittersporn und Feinstrahl blühen ein zweites Mal, wenn man sie unmittelbar nach der ersten Blüte auf Handbreite zurückschneidet und für reichlich Nährstoffe und Wasser sorgt.

Nach der ersten Blüte

- Frühblüher werden stark zurückgeschnitten, wenn sie anfangen, unansehnlich zu werden, unter anderem Alpenaster, Bergenia, Gemswurz, Phlox, Primelarten, Trillium, Trollius und Vergißmeinnicht.

Im Herbst nicht alles abschneiden

- Der Saubermann-Empfehlung, im Herbst die Rabatten kahlzuschneiden, sollte man nicht folgen. Vor allem die hohen Gräser und Fruchtstände sind im Rauhreif und Schnee subtile Zierde.
- Wärmeliebende Stauden sind unter ihrem trockenen Laub ausreichend vor Frost, vorzeitiger Erwärmung und nachfolgendem Erfrieren geschützt.

Nur mit sanftem Strahl bewässern

- Stauden werden nicht besprengt, sondern der Boden mit schwachem Strahl gründlich durchfeuchtet, ohne die Blüten und Triebe zu benetzen.
- Einzige Ausnahme: Hängt Kuckucksspeichel (Schaumzikaden) an den Blättern, wäscht man ihn mit scharfem Wasserstrahl ab.

Ameisenplage muß nicht sein

- Ameisen sind nicht unmittelbar schädlich für Stauden; nur weil sie Blattläuse verschleppen und pflegen, um ihnen den Zuckersaft abzumelken, sollte man sie nicht zu zahlreich werden lassen.
- Wo es zu schlimm wird, kann man kochendes Wasser in die freigelegten Nester gießen, auch Karbolineum und Petroleum eignen sich dazu.
- Mit porösen Schaumstoffen oder Textilien, die erst in Zucker-

wasser, später in kochendes Wasser getaucht werden, kann man eine Menge wegfangen.

- Stellt man einen geschlossenen Blumentopf, gefüllt mit Holzwolle, über das Nest, bauen die Ameisen darin weiter und können von Zeit zu Zeit abgehoben werden.
- Der süße Duft von Lavendel wirkt abstoßend auf Ameisen.
- Die frische Würzkraft von Kerbel, Thymian und Majoran jagt die Ameisen aus ihren Löchern.
- Der strenge Geruch frischer Geiztriebe von Tomaten hält Ameisen fern.

Vögel im Garten

- Vogelbad und Vogeltränke ziehen im Sommer viele Singvögel an, die sich zum Dank als eifrige Schädlingsfänger betätigen.

Spatzen nicht unterschätzen

- Spatzen gehen zeitweise zum Schädlingsfraß über, solange nicht genug Ähren gereift sind und die junge Brut nach Futter schreit.

Bier gegen Schnecken

- Schnecken siedeln sich massenweise zwischen Stauden an. Sie sind mit normalen Mitteln nicht zu bekämpfen.
- Deshalb ködert man sie mit einem Becher Bier, der bis zum Rand eingegraben wird. Sie fallen hinein und ertrinken.

Schaurige Töne gegen Wühlmäuse

- Unter einer dicken Bodendecke finden sich gern Mäuse ein, die schwer zu vertreiben sind. Nur die kleine, wuchernde Narzisse »La Riante« soll das schaffen.
- Bierflaschen, bis zum Hals in die Erde gegraben, geben vom Wind geblasen so schaurige Töne von sich, daß es selbst Wühl-

mäusen graust. Aber bitte nicht die Nachbarn damit erschrekken.

- Weil alles nicht sicher genug hilft, muß die Bodendecke gelüftet werden, damit konventionell vorgegangen werden kann.
- Es ist ein Ammenmärchen, daß die kreuzblättrige Wolfsmilch, Euphorbia lathyris, Wühlmäuse aus dem Garten vertreibt. Aber es ist eine recht ansehnliche Zweijährige, warum also nicht zur Zierde anpflanzen?

Maulwürfe vertreiben

- Maulwürfe sind an sich keine Pflanzenschädlinge, sondern vertilgen Pflanzenschädlinge, aber Wühlmäuse folgen oft ihren Spuren.
- Deshalb versucht man sie loszuwerden, indem man Nüsse, die in Seifenlauge gekocht wurden, in den Gängen auslegt.

Oleander vertreibt Mäuse

- Pfefferminze und Kamille, bündelweise in die Löcher gestopft, verjagen Mäuse.
- Wirksamer sind getrocknete Oleanderblätter fein zerkrümelt; sie sind giftig.

Erdflöhe sind wasserscheu

- An den zahlreichen Kreuzblütlern (siehe Fachbegriffe S. 153), vor allem Jungpflanzen, löchern Erdflöhe die Blätter bis aufs Skelett. Sie werden verscheucht, indem man den Boden mit nassem Floratorf verdeckt und feuchthält.
- Zwischen Pflanzreihen kann man je eine Reihe Spinat oder Salat ansäen, deren Geruch sie vergrämt.
- Zwei Teelöffel Kaliumpermanganat in zehn Liter Wasser auflösen. Zweimal damit gegossen, verscheucht es die Flöhe.

Korbblütler töten Älchen

- Bodenlebende Nematoden, bis zu 1 mm lange Fadenwürmer, die vom Pflanzensaft leben, werden von einjährig wachsenden Tagetes, Calendula, Rudbeckia, Coreopsis und anderen Korbblütlern bis zu 95 % sicher abgetötet.
- Als Älchenköder dienen auch Salat- und Spinatpflanzen, die ausgegraben und vernichtet werden, nachdem sich an ihren Wurzeln zahlreiche Fadenwürmer festgesaugt haben.

Trockenblumen richtig aufhängen

- Trockenblumen schneidet man kurz bevor sich die Blüten voll geöffnet haben und hängt sie sofort umgekehrt an einem luftigen, schattigen Platz auf.
- Damit die trocknenden Stiele nicht aus dem Bund fallen, hält man sie mit Gummiringen zusammen.

Kohlhernie auf Goldlack

- Geschwollene Wurzeln, die später braun werden und faulen, beweisen, daß Kohlhernie auch andere Kreuzblütler befällt.
- Da sich der Pilz in neutralem und alkalischem Boden gehemmt entwickelt, wird als Erste Hilfe reichlich Kalk gestreut.
- Wichtig ist, keine kranken Wurzelteile zu kompostieren.

Kranke Wicken im Herbst verbrennen

- Krankheiten der Wicken lassen sich mehr oder weniger vermeiden, wenn man jeden Herbst die kompletten Pflanzen ins Feuer wirft.
- Fallen die Knospen vor der Blüte gelblich ab, hat das andere Gründe: zu viel oder zu wenig Nährstoffe im Boden, zu hohe oder zu niedrige Temperaturen, zu nasse oder zu trockene Zeiten jeweils im Wechsel. Klarsichtfolie hilft darüber hinweg.

Asternwelke ist vermeidbar

- Die allgegenwärtige Gefahr von Asternwelke schwindet, wenn jeglicher Asternrest im Herbst verbrannt oder tief vergraben wird.
- Vorbeugend gibt man weniger Stickstoff und mehr Kalk, falls der Boden sauer ist.

Stockälchen am Phlox

- Damit die Jungpflanzen nicht infiziert werden, legt man die Stecklinge eine halbe Stunde in frisches Wasser und spült sie anschließend in Formaldehydlösung.
- Ebenso hilft, die Stecklinge eine gute Viertelstunde 30 bis 35 Grad warm zu baden.
- Abgeblühte Pflanzstellen werden sauber geräumt und mit 50 bis 100 g Ätzkalk je Quadratmeter desinfiziert.

Stiefmütterchen kümmern

- Werden die Sämlinge von Stiefmütterchen schon auf dem Saatbeet gelb, kümmerlich und sterben schließlich ab, ist zu junge, nahrhafte Komposterde verwendet worden.
- Die Schäden sind vermeidbar, indem Sand untergemischt oder ungedüngte Landerde besät wird.

Veilchensamen gehen nicht auf

- Veilchensamen gehen nur auf, wenn sie bis zur Aussaat im Oktober oder November in Sand eingeschichtet werden, der stets gleichmäßig feuchtzuhalten ist.
- Im Sommer auszusäen ist zwecklos, weil Veilchen nur keimen, wenn es kühl genug ist.
- Die Sämlinge sind teils im Frühjahr, teils erst im frühen Sommer soweit, daß sie an Ort und Stelle gepflanzt werden können.

Bodenwechsel ist besser als heilen

- Allen ein- und zweijährigen Sommerblumen tut es gut, wenn dieselben Arten nicht immer wieder auf dieselben Stellen gepflanzt werden. Es gibt so viele, der Wechsel ist kein Kunststück.
- Eine flüchtige Skizze hilft dem Gedächtnis auf die Sprünge, denn im Herbst kommt grundsätzlich alles raus.
- Gegen die schlimmsten Sommerblumenseuchen gibt es sehr widerstandsfähige Züchtungen, die man bevorzugen sollte.
- Jungpflanzen sollte man aus diesem Grunde niemals aus anonymer Quelle auf dem offenen Markt kaufen.

Die Königin des Gartens

Die besten Tips für Rosen

Wenn der Boden müde wird

- Rosen gedeihen schlecht oder nicht, wenn sie an eine Stelle gepflanzt werden, auf der vorher schon Rosen standen. Der Boden ist rosenmüde.
- Am besten hilft, die Rosen an eine andere Stelle zu pflanzen.
- Wo das nicht geht, weil Rosen nur an einem bestimmten Platz stehen können, wird knapp ein Kubikmeter Pflanzlocherde ausgewechselt. Denn an anderer Stelle des Gartens schadet müder Boden nichts.
- Viel Torf hilft ebenfalls, Rosenmüdigkeit zu vertreiben.

Wer die Wahl hat, pflanzt im Herbst

- Die Sortenwahl aus den unübersehbaren Angeboten von Tausenden von Züchtungen, jede die schönste der Welt, sollte man nicht nach buntbedruckten Hochglanzpapieren auf einer Bestelliste ankreuzen.
- Rosen sieht man sich nach einigen Regentagen in der Baumschule an; denn dann erst zeigen sie, was ihnen im Freiland blüht.
- Wer die Rose seiner Wahl getroffen hat, bestellt im frühen Herbst bei einer anerkannten Züchterfirma, damit die Pflanzware nicht schon durchwühlt oder vergriffen ist.
- Die beste Pflanzzeit liegt ebenfalls, von rauhen Gegenden abgesehen, im Herbst.

Kein Schlammbad, sondern einschlämmen

- Die Pflanzerde wird nicht mit den Füßen festgetreten, sondern mit den Fäusten angedrückt.
- Bevor das Pflanzloch voll aufgefüllt wird, etwa bei zwei Dritteln der Füllung, wird mit einem dicken Strahl Wasser eingeschlämmt.
- Über der Veredelungsstelle wird dick angehäufelt, im Frühjahr oder Herbst, damit sie warm und feucht bleibt.

Wurzeln nie knicken oder umlegen

- Das Pflanzloch muß groß sein, weil die langen Rosenwurzeln nie aus ihrer Richtung gebracht werden dürfen.
- Notfalls müssen die Wurzeln zurückgeschnitten werden, sonst bilden sich zu viele Wildtriebe. Die Veredelungsstelle soll immer eine Handbreit unter der Erde liegen, bei Kletterrosen noch tiefer.

Kein Brei aus Kuhdung und Lehm

- Ein Bad in einem Brei aus Kuhmist und Lehm sollte lange das Anwachsen der Rosenwurzeln fördern. Doch es kann genau das Gegenteil eintreten, denn wenn es mal trocken wird, kommen die feinen Faserwurzeln nicht mehr durch die harten Lehmröhren.

Sonderbehandlung für Containerpflanzen

- Jungrosen, die in Containern gezogen wurden, pflanzt man in genau passend enge Pflanzlöcher, damit sich im Zwischenraum zur Wand des Lochs kein Wasser sammeln kann.
- Haben sich die Wurzeln kreisförmig an der Wand entlang gelegt, können sie später den Wurzelhals abwürgen.
- In diesem Fall muß der Ballen gründlich aufgelockert und zu langes Wurzelwerk drastisch beschnitten werden.

Nie vor dem Frost schneiden

- Holzwunden heilen an Rosen langsam, im Winter gar nicht. Deshalb sollte grundsätzlich nicht im Herbst geschnitten werden.
- Nach der Pflanzung im Frühjahr muß dagegen bis auf kurze Stummel, die kaum über die Abdeckung herausragen, eingekürzt werden, sonst wird die Bewurzelung erschwert.

Der richtige Rosenschnitt

- Rosenschnitt soll stets blühfähige Triebe vom Wurzelhals in die Höhe bringen und zu dichte Büsche auslichten, damit der Schädlings- und Krankheitsbefall geringer wird.
- Starkwüchsige, großblütige und einzeln blühende Sorten aus der Gruppe der Teehybriden müssen stärker zurückgeschnitten werden, um starkes Jungholz zu bilden.
- Schwachwüchsige, vielblütige Beetrosen brauchen kaum oder gar nicht geschnitten zu werden.
- Ausgelichtet werden alle nicht wenigstens bleistiftstarken Triebe, dazu die Stummel vom vorhergehenden Schnitt.
- Alle stehenbleibenden Triebe nimmt man je nach Wuchsstärke der Sorte und des Standorts auf 20 bis 25 cm zurück, starkwüchsige bis 45 cm, Floribunda auf 35 cm.
- Geschnitten wird stets über einer Knospe, die leichte Schräge zur entgegengesetzten Seite so angesetzt, daß kein zu langer Stummel bleibt und das Auge nicht austrocknet.
- Es kommt nicht darauf an, daß alle Zweig-Enden nach dem Schnitt gleich hoch stehen; man nimmt immer die der gewünschten Höhe zunächst stehende Knospe.
- Nach dem Schnitt sollten Edelrosen wenigstens drei bis sechs Augen behalten.
- Beetrosen läßt man die Hälfte bis ein Drittel der vorherigen Höhe.
- Schnittrosen setzt man weiter zurück, damit sie Blüten mit langen Stielen ausbilden.
- Je weniger man schneidet, um so reicher blühen die Beetrosen und Hochstämmchen.
- Blühen die Rosen am zweijährigen Holz, wie Kletter-, Strauch- und Remontantrosen, wird höchstens auf halbe Trieblänge zurückgenommen.
- Damit sie kräftig treiben, nimmt man alle älteren Langtriebe bis zum Boden weg.
- Kletterrosen, die von Natur aus lange Triebe bilden (Kreuzungen aus Rosa multiflora und R. wichuraiana), werden nach der Blüte stets bis zum Wurzelstock zurückgesetzt.

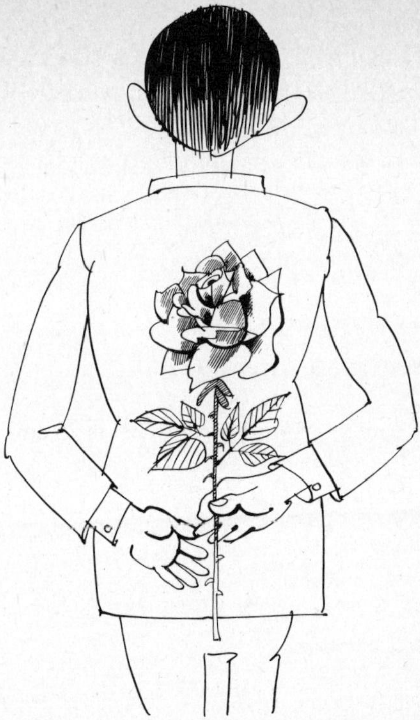

Wildlinge dürfen nicht geschnitten werden

- Wildlinge, die aus dem Wurzelstock austreiben, dürfen nie geschnitten werden.
- Man erkennt sie an helleren, anders geformten Blättern und höherer Triebkraft.
- Sie werden bis zum Ansatz am Wurzelstock ausgegraben und dort gegen die Richtung des Triebs weggerissen.

Rosen anhäufeln

- Am Wurzelhals veredelte Rosen werden angehäufelt, und zwar nicht indem man die Erde über den flach verlaufenden Wurzeln wegkratzt, sondern indem Floratorf darübergehäuft wird.

- Die übliche Lage Fichtenreisig dient als Schutz vor der Wintersonne, daß es nicht zu vorzeitigem Austrieb kommt.
- Eingedeckt wird erst, wenn es wirklich anfängt zu frieren, vorher liegt das Material nur bereit.
- Das Angehäufelte wird im Spätwinter vorsichtig mit den Fingern auseinandergezogen, um keinen der Austriebe abzubrechen, und bleibt als Bodendecke liegen.

Winterhart, doch Winterschutz

- Die modernen Rosen sind normalerweise winterhart genug für unser Klima, und wenn sie mal ein Stück zurückfrieren, treiben sie doppelt so heftig aus.
- Damit das Holz ausreift, düngt man prinzipiell ab August nicht mehr und legt bei starkem Regen notfalls eine Bodendeckfolie aus, unter der die Erde trockener bleibt.

Rosen richtig sprengen

- Rosenblätter sollten beim Gartensprengen nicht unnötig naß werden, sonst erhöht sich die Anfälligkeit für Sternrußtau.
- Am besten sind Rieselschläuche, die man so lange tröpfeln läßt, bis der Boden spatenstichtief durchfeuchtet ist.

Patentkali fördert Winterhärte

- Kali bindet Wasser, läßt die Rosen im feuchten Herbst also rechtzeitig reifen und damit frostfest werden, außerdem stabilisiert sich dadurch das Gewebe.
- Entweder gibt man 60 g 40%iges Kalisalz auf den Quadratmeter oder, wenn nicht zu kriegen, einen handelsüblichen Phosphor-Kali-Dünger in entsprechender Menge und hackt ihn oberflächlich in die Oberkrume ein.
- Es darf allerdings nie zuviel Phosphor gegeben werden, weil er nicht ausgewaschen wird.

- Die üblichen Spezialvolldünger für Rosen gibt es vor dem Austrieb und zwei Wochen nach Blühbeginn, jeweils anderthalb Eßlöffel je Pflanze.

Eisen heilt bleichsüchtige Rosen

- In kalkreichen Böden kann das Eisen, obwohl vorhanden, so festgelegt sein, daß es den Pflanzen zu fehlen beginnt, sie werden bleichsüchtig.
- Neben gesenkten pH-Werten zwischen 6,5 und 6,9 ist lösliches Eisen die Erste Hilfe.
- Man löst 10 bis 20 g Eisenchelat in einem Liter Wasser, gießt im Wurzelbereich und läßt den Schlauch so lange laufen, bis das Eisen an die Wurzeln gesickert ist.

Gelbe Blätter mit grünen Adern

- So charakteristisch verfärbte Rosenblätter zeigen Magnesiummangel an. Abhilfe bietet Magnesiumsulfat.

Gelbe Ränder an den Blättern

- Bleibt das Blatt innen grün, während es vom Rand her gelb wird, herrscht Manganmangel.
- Wasserlösliches Mangan ist enthalten in allen Algenpräparaten, Thomasphosphat und organischen Düngern.
- Schnelle Hilfe bietet eine Lösung von Kaliumpermanganat oder eine 0,5%ige Lösung von Mangansulfat, so ausgegossen, daß 0,8 g auf 1 m^2 kommen.

Blätter nehmen Nährstoffe auf

- Nicht nur die Wurzeln, auch die Blätter nehmen Nährstoffe auf. Deshalb spritzt man bei Mangelschäden schwache Konzentrationen von Blattdüngern, die Spurenelemente enthalten. Der niedrige pH-Wert macht dabei nichts aus.

Rostschäden rechtzeitig ausbessern

- Rosenrost läßt sich verhüten, indem weniger Stickstoff und mehr Kali gedüngt, außerdem der Boden des öfteren gelokkert wird.
- Befallene Blätter und Jungtriebe werden geschnitten, eingesammelt und verbrannt.
- Befallstellen an wichtigen Trieben werden mit Obstbaumkarbolineum von 2 bis 8% oder Kupferkalkbrühe von 2% bestrichen.
- Dieselben Maßnahmen helfen gegen Rindenflecken und Brandflecken an Trieben.

Ist der Mehltau echt oder falsch?

- Echter Mehltau ist ein mehlartiger Pilzrasen auf Ober- und Unterseite der Rosenblätter, die sich danach biegen und verkrüppeln. Vor allem an Blütenknospen findet man die grau werdenden Pilzrasen.
- Feuchtwarme Luft in engen, windstillen Standplätzen, die wenig Sonne bekommen, aber auch Temperaturstürze, Bodentrockenheit, zu viel Stickstoff und zu wenig Kalk fördern das Auftreten des Pilzes, der in den Knospen überwintert.
- Abhilfe bieten entsprechend verbesserte Pflege und, wo der Standort sich nicht bessern läßt, Sortenwahl. Es gibt weitgehend widerstandsfähige Rosen.
- Die große Zahl der Rosenspritzmittel ist selbstverständlich ebenfalls sehr wirksam, wenn man rechtzeitig vorbeugend dagegen vorgeht.
- Falscher Mehltau zeigt sich auf der oberen Blattseite in Flekken, die sich von Gelb-Braun über Schmutzig-Rot bis Grau-Braun verfärben und vertrocknen. Nur auf der Unterseite herrscht etwas wie ein weißer Schimmel. Die Blätter rollen sich ein.
- Dieser Peronospora-Pilz tritt im Freiland weniger auf als unter Glas, allerdings sind die Sorten unterschiedlich anfällig.

- Die befallenen Blätter werden abgesammelt und vernichtet. Kupferkalkbrühe, vor allem auf die Blattunterseiten gespritzt, hat oft geholfen.

Mit Schmierseife und Brennspiritus

- Aus 200 g Schmierseife, 100 g Brennspiritus und 10 g Salizylsäure (wird beim Einkochen von Marmelade verwendet) in 10 l Wasser wird ein Rosenspritzmittel gemischt, das gegen Echten Mehltau, Blattläuse und Zikaden hilft.

Mit der Rosenschere gegen Schädlinge

- Welkende Triebe, in denen der Rosentriebbohrer frißt, werden bis ins gesunde Holz zurückgeschnitten, die Triebe samt Inhalt vernichtet.
- Rosengallen schaden nicht sehr, aber man schneidet sie ab, bevor sie sich zu stark vermehren.

Lavendel gegen Blattläuse

- Die stark verzweigten Halbsträucher des Echten Lavendels aus dem westlichen Mittelmeergebiet schrecken Blattläuse ab, wenn sie zwischen die Rosen gepflanzt werden.
- Sie werden 30 bis 60 cm hoch und blühen weiß, dunkelblau oder rosa, so daß zu jeder Rosenblütenfarbe die passende Sorte Lavendel ausgesucht werden kann.

Hochstammrosen nicht flachlegen

- Die Veredelungsstelle bricht manchmal, selbst wenn alles richtig gemacht wurde, außerdem siedeln sich leicht Mäuse in der ausgestopften Krone an.
- Deshalb umwickelt man die Veredelungsstelle dick, warm und weich, zieht eine Haube aus Folie oder Ölpapier um die locker ausgestopfte Krone und löchert die Hülle so, daß es darunter in der Mittagssonne nicht zu warm wird.

Blaue Rosen brauchen Kalk

- Wenn Rosen nur blasse oder blaue Blüten tragen, ist die Kalkarmut des Bodens bedrohlich geworden. Um den Normalzustand wieder herzustellen, streut man auf jeden Quadratmeter etwa 400 g Kalk.
- Ist der Boden wieder normal mit Kalk versorgt, genügen für die Erhaltung dieses Zustands 200 Gramm alle zwei Jahre.
- Schwere Böden versorgt man mit Branntkalk, leichte mit kohlensaurem Kalk.
- Kalk wird nie zusammen mit anderen Mineraldüngern ausgebracht, sondern wenigstens zwei Wochen vorher und danach untergehackt.
- Mit gelblichen Blättern und gehemmtem Wachstum zeigen Rosen zu hohen Kalkgehalt an, ihre Blühfreudigkeit läßt nach. Abhilfe schafft Eisensulfat und weniger Kalkdünger.

Das ganze Jahr in schönster Zier

Die besten Tips für Ziergehölze

Im Sommer werden die Immergrünen gepflanzt

- Immergrüne Laub- und Nadelgehölze werden im Hochsommer gepflanzt, weil der Herbst die Wurzelbildung am besten fördert und sie bis zum Frost gut eingewurzelt sein müssen.

Von Herbst bis Frühjahr alle Laubabwerfenden

- Besser im Herbst als im Frühjahr werden alle Gehölze gepflanzt, die ihr Laub verlieren, ausgenommen Birken und Flieder, die nur im Frühling gepflanzt werden. Ohne Laub verdunsten sie kaum noch.

Mit dem Ballen ins Pflanzloch

- Ballenpflanzen werden mit der Leinenhülle ins Loch gelegt. Die Hülle wird nur aufgeknotet und ausgebreitet, nicht aber drunter vorgezogen. Sie verrottet schnell.
- Container (siehe Fachbegriffe S. 153) werden erst im Pflanzloch aufgeschnitten oder behutsam abgestreift, so daß der Ballen unversehrt ins Loch kommt.

Am Wurzelhals sind sie empfindlich

- Nachdem sich die Erde im Pflanzloch gesetzt hat, muß der Wurzelhals freiliegen, sonst kann es passieren, daß die Gehölze eingehen.
- Ausnahmen sind Züchtungen von Schwarzpappeln und Kätzchenweiden.
- Müssen Junggehölze an einen Pfahl gebunden werden, dürfen sie anfangs nur locker geschnürt werden, damit sie sich nicht daran aufhängen, während der Boden unter ihnen wegsackt.

Erst Stütze und Stab

- In die leere Pflanzgrube wird erst der Haltepfahl geschlagen, damit Wurzeln und Zweige nicht verletzt werden.

Kein Pfahl in der Krone

- Anders als bei Hochstammrosen, die in der Krone befestigt werden müssen, ragt der Pfahl bei Zierbäumen nicht in die Krone hinein, weil sonst Schürfwunden gerissen werden, die Schlupflöcher für holzzerstörende Pilzsporen sind.

Ballenpflanzen seitlich sichern

- Sträucher und Koniferen mit Ballen werden an einem schräg eingeschlagenen Pfahl festgebunden oder wie größere Gehölze an Drähten nach drei Seiten verankert.

Vor praller Sonne schützen

- Pralle Sonne ist verderblich für frischgepflanzte Gehölze, deshalb bindet man den Stamm in Stroh, Schilf oder Moos ein.
- Immergrüne verbirgt man hinter einem Sonnensegel.
- Damit der Boden nicht zu warm und trocken wird, legt man eine Bodendecke auf, die aus Torf, Stroh, Rasenschnitt, Laub, Heu oder Schilf bestehen kann.

Bodendecke ist natürlich am besten

- Ausgewachsene Ziergehölze erhalten besser eine natürliche Bodendecke aus schattenverträglichen Stauden oder Kriechgehölzen.

Rasen muß Abstand halten

- Im Rasen brauchen Ziergehölze eine Pflanzscheibe, nicht nur, um besser zu wachsen, sondern damit Mäher und Mäuse nicht zu dicht an die Rinde kommen.
- Die Rinde verweichlicht weniger, wenn das Gras mindestens eine Handbreit Abstand hält.

Nicht zuviel schneiden

- An Ziergehölzen wird so wenig wie möglich geschnitten, um Form, Blühkraft und Jugendfrische zu erhalten.

Jährlich jünger werden

- Kleinsträucher und Herbstflieder blühen am besten, wenn sie vor dem Frühjahr radikal heruntergeschnitten werden, außerdem Ginster, Johanniskraut, Lavendel und Sonnenröschen.

Trockenes Holz herausnehmen

- Im späten Winter wird ausgelichtet, was Frost und Alter vertrocknen ließen, bei Herbstflieder, Prunkhortensien und anderen.

Langtriebe schonen

- Nach der Blüte werden Frühblüher ausgelichtet, dabei schont man das Langholz der Deutzien, Philadelphus und Viburnum.

Langtriebe nicht schonen

- Verblühtes und Langtriebe werden rausgeschnitten bei Forsythien, Hortensien (nur abgeblühte Triebe auf drei Augen), Mandelbäumchen, Weigelie (in Abständen).

Rhododendrenblüten brechen

- Rhododendren brauchen grundsätzlich nicht geschnitten zu werden. Die Blütenstände sollten jedoch vorsichtig ausgebrochen werden, bevor sie Samen angesetzt haben, um den Neutrieb zu erleichtern.
- Unansehnlich oder kahl gewordene Rhododendron-Sträu-

cher können dagegen bis zu den Wurzeln heruntergeschnitten werden; sie erneuern sich aus den ältesten Stümpfen.

Hortensien blühen nicht

- Hortensien blühen am vorjährigen Holz, also nicht, wenn zu weit zurückgeschnitten wurde.
- Die Pflanze kümmert und bekommt gelbgrüne Blätter, wenn der Boden nicht sauer genug ist, so daß Eisen unaufnehmbar wird. Also weniger Kalk, mehr Humintorf und physiologisch sauer wirkende Düngemittel wie Ammonsulfatsalpeter.
- Die Blätter bekommen trockene Flecken, trocknen ein und fallen ab, wenn zu stark mit Mineralsalzen gedüngt wird.

Hortensien werden blau

- Schöne blaue Blüten bekommen Hortensien in „blauer Erde" aus dem Abraum von Kohlenhalden und eisenhaltigen Böden.
- Wo man die nicht bekommt, hilft eine Lösung von 10 g Ammoniak-Alaun in 1 l Wasser. Selbst rosa und rötlich blühende Pflanzen werden davon blau.
- Schon 5 g Alaunsalz je Liter Gießwasser alle zehn bis 14 Tage färben die Blüten intensiv blau.
- Eisennägel, in der Erde vergraben, sollen ebenfalls schön blau machen.

Blaufichten wachsen sich aus

- Mit Sicherheit schön blau werden nur veredelte Blaufichten; denn es gibt nichts, was grün ausgewachsene Bäume noch blau machen könnte.
- Ist der reifartige Wachsbelag veredelter Jungpflanzen nach dem Versand und bei feuchter Witterung abgegangen, schadet das nichts. Die Pflanzen werden von selber wieder schön blau, nachdem sie richtig angewachsen sind.

- Veredelte Jungpflanzen sehen in den ersten Jahren leicht ein bißchen verkrüppelt aus, weil sie im gleichmäßigen Aufwuchs gestört wurden. Das wächst sich aus.

Holz als Dünger für Gehölze

- Brauchbare Humusformen können aus Sägemehl entstehen, wenn es zusammen mit anderen organischen Rückständen, Stroh oder Torf lagenweise kompostiert wird.
- Dazwischen streut man Kalkstickstoff, um den niedrigen pH-Wert aufzubessern und die Rottebakterien mit dem nötigen Stickstoff zu versorgen.
- Gehölzschnitt ist ebenfalls gut zu kompostieren, wenn die Zweige zerkleinert werden. Heutige Schredder tun das schon beinahe perfekt, doch ebenso gut die Axt auf dem Spaltklotz.

Kaffee macht müden Efeu munter

- Vermischt man Kaffeesatz mit Wasser, so ergibt das einen guten Efeudünger.

Nachwuchs wird gesteckt

- So gut wie alle Ziergehölze können ohne weitere Hilfsmittel aus Stecklingen weiter wachsen, einige sogar in reinem Wasser.
- Am besten steckt man sie in Torf und Sand und kleine Multitopfplatten, die nicht in der Sonne stehen dürfen.

Waldreben (Clematis) brauchen kalte Füße

- Wie alle Waldpflanzen brauchen Waldreben (Clematis) einen kühlen Fuß; also wird der Boden mit einer entsprechenden Vorpflanzung so beschattet, daß trotzdem alle Niederschläge herankommen.

- Da Waldreben keinen Tropfenfall vertragen, müssen sie unter Dachvorsprüngen gepflanzt werden, und an solchen Stellen muß besonders für Feuchtigkeit gesorgt werden.

Vielzweckmittel Kalkstickstoff

- Bevor im Ziergehölzgürtel gemulcht wird, also der Boden mit Stroh, Rasenschnitt, Heu oder Torf abgedeckt wird, werden drei bis vier Kilo Kalkstickstoff auf 100 m^2 ausgeteilt.
- Das dient zur besseren Verrottung organischer Stoffe, Unkrautvernichtung in der Cyanamidphase, Humusaufbau, Nährstoff- und Kalkanreicherung.

Moorbeetpflanzen wollen Saures

- Moorbeetpflanzen (siehe Fachbegriffe S. 154) brauchen sauren Boden von etwa 4,5 pH, wie es der Garten selten zu bieten hat. Mischungen mit ungekalktem Humintorf bringen die richtige Reaktion.
- Gedüngt wird nur mit physiologisch sauer wirkenden Einzeldüngern oder Spezialdüngern für Moorbeetpflanzen.
- Ist die Umgebung so kalkreich, daß von den Seiten immer neue Basen nachsickern, wird die Pflanzstelle mit Plastikfolie ausgelegt oder wenigstens eine Abgrenzung eingegraben.

Strenge Hecken immer schräg schneiden

- Streng geschnittene Hecken verkahlen, wenn sie senkrecht in Kastenform geschnitten werden; daher weicht man nach oben immer 10 cm auf 1 m Höhe zurück.
- Vor dem Heckenschnitt immer erst nachsehen, ob keine Vogelbrut darin ist.
- Nadelholzhecken werden nur zwischen Triebabschluß und den ersten Frostnächten, also ab August bis Mitte September nach Strich und Faden geschoren.

- Es wird jedesmal so viel weggeputzt wie als Neutrieb zugewachsen ist.
- Laubholzhecken lassen sich praktisch zu jeder Jahreszeit auf nahezu beliebige Höhe herunterschneiden.

Vorsicht! Ziersträucher können giftig sein

- Sehr stark giftig in allen Pflanzenteilen sind einige Ziersträucher: Seidelbast, Oleander, Juniperus und Thuja, vor allem die Zweigspitzen, Früchte und Zapfen.
- Immer noch stark giftig sind: Pfaffenhütchen, Goldregen, Bocksdorn, Eibe und Rhododendron. Man sollte Vorkehrungen treffen, daß Kleinkinder keinen Schaden daran nehmen können.

Rost auf Berberitzen

- Um die gelbroten Flecken des Rostpilzes zu vermeiden, werden alle Gräser, vor allem Quecken, aus der Nähe der Sträucher entfernt.
- Neben Getreidefeldern kann man nur gegen Rost immune Züchtungen pflanzen; denn der Pilz wechselt auch auf Getreidearten über.

Clematis müssen nicht sterben

- Um dem Clematissterben vorzubeugen, muß der Boden tief gelockert und tief gepflanzt werden.
- Vor dem Winter wird mit humusreicher Erde hoch angehäufelt.
- Die ersten Triebe bis zum Ansatz wegschneiden, weil sie Spätfrösten zum Opfer fallen.
- Südlagen meiden, Kleinsträucher vorpflanzen und widerstandsfähigere Sorten wählen.

Weißdorn und andere Dorne

- Echter Mehltau bleibt fast nie aus, wo Weißdorn wächst. Da hiervon andere Zierpflanzen infiziert werden, muß morgens, solange der Tau noch haftet, Schwefel gestäubt werden.
- Besonders wichtig ist, daß im Herbst alle verdächtigen Triebe abgeschnitten und verbrannt werden.

Warum muß Erika sterben?

- Das Erikasterben ist eine vielfältige Erscheinung, die in erster Linie auf die Bodenverhältnisse zurückgeht.
- Das Wichtigste ist der pH-Wert, der zwischen 3,5 und 4,5 bei sehr sauer liegen muß.
- Nahrungsmangel kann ebenso dazu führen wie zu starke Erhitzung in der Sonne.

Frühlingsblüten aus dem Kühlschrank

- Zier- und Obstgehölzzweige, die Anfang Dezember für die Blüte zur Weihnachtszeit getrieben werden sollen, müssen einige Zeit im Kühlschrank gelagert werden, damit das Signal zum Blütentreiben ausgelöst wird.
- Noch schneller weckt ein anschließendes Vollbad von über 30 Grad Celsius den Tag über die Blütenknospen aus ihrem Winterschlaf.
- Am leichtesten öffnen sich die Knospen der Frühestblüher wie Tamariske, Hartriegel, Seidelbast, Silberzierstrauch, früh grünende Weide und erstblühende Mandeln.

Gehn wir in den Garten, schütteln wir die Birn ...

Die besten Tips für gutes Obst

Zwei Stückchen Glas verscheuchen Vögel

- Wirksamer als der Hering im Kirschbaum verscheuchen Glasstücke die Vögel, wenn sie so zusammengebunden werden, daß sie schon bei der geringsten Luftbewegung klirren und blinken.
- Es ist beobachtet worden, daß Vögel selbst Salzheringe lebhaft angepickt haben und danach mit um so größerem Durst auf die Früchte losgegangen sind.

Vögel gehen nicht gern ins Netz

- Den besten Fruchtschutz geben kleinen Baumformen und dem Strauchbeerenobst ein Gewirr von Fäden der verschiedensten Art. Die Vögel scheuen es, mit den Flügeln daranzustoßen.
- Schleier aus synthetischen Fasern sind billiger und leichter lückenlos überzulegen; bei schonender Behandlung können sie nach der Ernte zusammengerollt und ein zweites Mal ausgebreitet werden.
- Nach der Ernte läßt sich das hauchdünne Zellulosegespinst sekundenschnell und deshalb gefahrlos für den Obstbaum herunterbrennen.

Wasser lenkt Knospenfresser ab

- Dompfaffen, Buchfinken, Grünfinken und Sperlinge, die Beerenobstknospen im Frühjahr zerpicken, lassen sich mit Vogeltränken ablenken, da es ihnen offenbar mehr um das im Frühjahr zeitweise knappe Wasser geht.
- Wo das nicht reicht, können die Knospen mit Mennige, Kalk oder anderen Vergällungsmitteln halbwegs vogelsicher gemacht werden.
- Eine Lösung von 100 g Kochsalz, in 10 l warmem Wasser aufgelöst, und 100 g Wasserglas über die Sträucher gespritzt, hält die Grünschnäbel ebenfalls fern.

Helft den Vögeln

- Nistkästen sollten bereits im Herbst aufgehängt werden, damit die Reinigungs- und Desinfektionsmittel verdunsten können.
- Bei schlechtem Wetter werden die Brutkästen als Unterschlupf benutzt.
- Nachdem die Jungvögel flügge sind, werden alle Kästen abgehängt, geleert und insektenfrei gemacht.
- Für Freibrüter können Zweige so zusammengebunden werden, daß hier natürlich gewachsene Nistunterlagen entstehen.
- An kahle Baumstämme kann taschenförmig Reisig gebunden werden, damit sich darin Nester bauen lassen.

Winterfütterung nie unterbrechen

- Auch wenn es zwischendurch einmal taut, sollte die Winterfütterung der Singvögel im Garten nie unterbrochen werden; denn so schnell finden die Tiere keine andere Futterquelle.
- Das gilt insbesondere im Vorfrühling, weil nicht von einem Tag zum anderen soviel Insekten schlüpfen, daß alle davon satt werden können.

Lausige Zeiten für Körnerfresser

- Spatzen und andere Körnerfresser sind als Insektenvertilger ebenfalls nicht zu verachten, da sie während der Brutzeit kaum reife Samen finden und deshalb massiv Blattläuse, Raupen und andere Schädlinge abräumen.
- Deshalb sind im Garten grundsätzlich nur solche Mittel der Vogelabwehr zugelassen, die Saaten und Sämlinge schützen, nicht aber die Vögel vertreiben oder gar versehren.

Sommertränke immer frisch füllen

- Die Vogeltränke ist im Sommer fast noch wirksamer als der Futterplatz für Vögel, weil sie nur in flachem Wasser baden und trinken können. Es muß dabei verhindert werden, daß sich Katzen ungesehen anschleichen können.
- Selbst wenn die Tränke an Regentagen voll ist, sollte man das Wasser regelmäßig ausgießen, die Schale sauber ausreiben und frisches Wasser einfüllen.

Schädlinge können nützlich sein

- Reine Insektenfresser halten sich nur da auf, wo es Insekten zu fressen gibt. Man sollte deshalb mit Pflanzenschutzmaßnahmen warten, bis die Schadensschwelle weit überschritten ist.
- Das gilt nicht nur für Singvögel, sondern ebenso für die natürlichen Blattlausvertilger wie Marienkäferlarven, Florfliegen, Schwebfliegen und andere Kerbtiere.
- Nur wo sie Futtertiere finden, vermehren sie sich so reichlich, daß sie im biologischen Pflanzenschutz tätig werden können.

Bruststätten ausräuchern

- Obstschädlinge müssen daran gehindert werden, sich ungehemmt zu vermehren. Deshalb liest man Fallobst Tag für Tag auf und schüttet die ausgeschnittenen Reste niemals auf den Kompost.

- Befallene Pflanzenteile werden ausgeschnitten und verbrannt, ohne daß sich vorher Infektionskeime ausbreiten konnten.
- Vermodertes Holz muß verbrannt werden, weil sich darin holzzerstörende Pilze und Insekten ansiedeln und auf das gesunde Holz ausschwärmen.
- Das herbstliche Großreinemachen im Obstgarten richtet sich beinahe ausschließlich auf die möglichen Verstecke, in denen Schädlinge überwintern.

Geschützt hinter der Borke

- Falsch ist es, die alte Rinde bis auf den grünen Bast abzukratzen. Sie schützt die Stämme auf der Südseite vor unzeitiger Erwärmung in der Mittagssonne. Hier entstehen riesige Spannungen, wenn es nachts darauf friert, und es bilden sich Frostrisse.

Frostrisse verbinden

- Bevor aus den Rissen richtige Wunden werden, bindet man sie eng mit Schnur zusammen. Zwischen den Windungen sollen dabei nicht mehr als 3 cm Abstand liegen.

Kalkmilchanstrich verhindert Frostschäden

- Kalkmilchanstrich verhindert die Erwärmung, weil das Sonnenlicht reflektiert wird. Man rechnet 2,0 bis 2,5 kg Branntkalk auf 10 l Wasser.
- Eine bessere Haftung wird erzielt, wenn der Kalkmilch eine Portion Kasein aus der Drogerie zugesetzt wird.
- Im Frühjahr muß der Anstrich mit einem Reisigbesen wieder abgewaschen werden; denn nun soll die Sonne die Stämme erwärmen und den Saftanstieg hervorrufen.

Junge Bäume brauchen Manschetten

- Weniger Umstand und zugleich Schutz vor Wildverbiß hat man mit Plastikmanschetten, die ausreichend durchlöchert sind, damit die Rinde Luft bekommt und nicht verweichlicht wird.
- Plastikmanschetten sind nur dann zugleich ein Wildschutz, wenn sie nicht aus Spiralen bestehen; denn die werden beiseitegedrückt.
- Manschetten müssen im Frühjahr rechtzeitig entfernt werden, daß sie die Erwärmung nicht verhindern.
- Anschließend wird überprüft, ob sich etwa Schädlingskolonien unter dem Winterschutz angesiedelt haben.

Reisig steht vor dem Spalier

- Spalierobst und Weinstöcke werden vor Frost zuverlässig geschützt, wenn man Kiefernreisig vorbindet, auch Fichtengrün eignet sich.

Rinde vor Wild schützen

- Stinkende Öle schrecken zwar Hasen und Rehe ab, die auch in reinen Wohngebieten im Winter nach Äsung suchen, aber sie sind eine Belästigung für Bewohner und Nachbarn. Besser ist, die Stammteile mit einer Speckschwarte oder Schweineschmalz einzureiben.
- Die sogenannten Verbißmittel stören im Garten mehr als sie helfen. Manche sind bereits nach 10 bis 15 Tagen wirkungslos.
- Niederwild hat sich stellenweise so schnell an die ölige Witterung gewöhnt, daß es am Ende diejenigen Baumstämme bevorzugt aufsucht, die damit bestrichen sind.
- Dabei bleibt das Wild leckermäulig; denn es zeigte sich, daß vor allem die Rinde der edelsten Tafelsorten angegriffen wurde. Es hilft, in ausgesetzten Lagen robustere Sorten zu wählen.

Nur locker einbinden

- Praktiker raten ab, die noch nicht borkigen Stämme in Schilf, Stroh, Nadelholzzweige oder Sonnenblumenstengel einzubinden, weil das die Rinde verweichlicht und Mäuse anlockt. Es muß also locker genug gebunden werden.
- Dieselben Leute wollen gute Erfahrungen mit Zeitungs- und Packpapier gemacht haben, das in dicken Lagen um die Stämme gewickelt wurde.
- Besser ist Dornengeflecht vom Heckenschnitt oder aus dem Rankrosenbusch.
- Es hilft ebenfalls schon etwas, die beim Baumschnitt abgefallenen Zweige rund um den Stamm liegenzulassen; das behindert den Zugang und kann selber benagt werden.

Auf einen Zaun vertrauen

- Wer sich mit einem Zaun schützen möchte, muß ihn mit maximal 4 cm Maschenweite bespannen, anderthalb Meter hoch ziehen und 40 cm tief eingraben. An Eingängen werden Betonschwellen verlegt, die nicht untergraben werden können.
- Treten dennoch unerklärliche Fraßschäden auf, sollte man gründlich nachsehen, ob sich Kaninchen im Garten selbst eingenistet haben. Sie machen das so geschickt, daß sie so lange unbemerkt bleiben, bis die Jungen das Nest verlassen.

Schädlinge gehen auf den Leim

- Obstmaden und eine Reihe anderer Schädlinge, die über den Stamm an ihre Futter- und Verpuppungsplätze streben, werden von Fanggürteln aufgehalten, die mit Raupenleim bestrichen sind.
- Leimringe hindern die flugunfähigen weiblichen Frostspanner daran, an Obstbaumstämmen hochzuklettern, um an den Zweigspitzen ihre Eier abzulegen.

Leimtafeln locken Kirschfruchtfliegen

- In den ertragreichsten Riesenkronen der Süßkirschen ist die Bekämpfung der Kirschfruchtfliege praktisch unmöglich, es sei denn, man hängt an den Südseiten vier bis acht hellgrün bis gelb gestrichene Leimtafeln auf, die unter Umständen völlig verhindern, daß die Kirschen vermaden.

Lösung nach Theobald

- Zwischen Knospenschwellen und Mausohrstadium sind alle überwinternden Schädlinge in der empfindlichsten Verfassung kurz vor dem Schlupf und eine Zeit danach. Jetzt sind sie am leichtesten mit der Theobaldschen Lösung zu bekämpfen.
- Dazu löst man 1,5 kg 40er Kali und 2 kg Branntkalk in 10 l Wasser und setzt 1,25 kg Wasserglas zu. Gibt man 2,5 l Wasser mehr zu, können vor dem Wasserglas 75 g Kalium sulfuratum (oder Hepar sulfuris = Schwefelleber, wie die Drogisten sagen) als Pilzmittel zugesetzt werden.

Ölemulsionen statt Gelbspritzmittel

- Ungiftig, aber wirksam gegen Schadinsekten wie gegen einige Pilzkrankheiten sind dic Sommer- und Winter-Ölemulsionen, gemischt mit Schwefelleber oder einem Pyrethrum-Derris-Präparat, falls nötig mit Schmierseife als Haftmittel.

Seife macht sauber

- Blattläuse verschwinden, wenn 10 bis 50 g Seife in 10 l Wasser gespritzt werden.
- Da die Obstgehölze zu den Rosengewächsen gehören, müssen alle anderen Rosaceen in der Nähe wie Cotoneaster, Geum, Spireen und viele andere in der gleichen Weise behandelt werden.

Sauerstoff säubert

- Lagerschorf tritt nicht auf, wenn bis zur Ernte alle zwei, drei Wochen mit 1 bis 3 g Kaliumpermanganat auf 10 l Wasser gespritzt wird, was oxidierend wirkt.

Wachshemmung fördert Fruchtansatz

- Dauert es zu lange, bis die frischgepflanzten Obstbäume fruchten, können einzelne Zweige heruntergebunden werden, so daß sich der Saft staut und das Wachstum gehemmt wird.
- Statt der Binderei kann man Zweigkrümmer aus hartem Draht biegen, um dieselbe Wirkung zu erzielen.

Strangulieren staut den Saft

- Rabiater ist das Abschnüren der Hauptäste, womit der Saftrückfluß gestaut werden soll. Unter den Draht wird ein Blech gelegt, damit der Draht nicht einwächst.

Ringe aus der Rinde schneiden

- Am weitesten geht das Ringeln, wobei ein 1 bis 2 cm breiter Streifen Rinde aus den Hauptästen geschnitten und mit Wundwachs verstrichen wird.
- Noch radikaler ist ein Ring um den Stamm unterhalb der Kronenäste; dabei läßt man allerdings zwei daumenstarke Brükken stehen, um den Schock zu mildern.
- Geringelt wird im Frühsommer.

Triebe unterhalb tolerieren

- Bilden sich unterhalb der Ringe schwache Triebe, läßt man sie zunächst wachsen, nur starke werden am Ansatz weggeschnitten.

Wildwuchs, wenn sich Edelsorten freimachen

- Hat die Edelsorte oberhalb der Veredelungsstelle Wurzeln gebildet, kann bei starkwachsenden Sorten ein riesiges Triebwachstum einsetzen und die Ernte erheblich verzögern.
- Darum wird um den Stammgrund eine Mulde gegraben, und alle Wurzeln der Edelsorte müssen so durchtrennt werden, daß keine neuen Ausschläge möglich sind.

Dickere Äste und Stämme

- Mit senkrechten oder Längsschnitten auf der Unterseite dikkerer Äste und der Nordseite älterer Stämme versucht man die Zellbildung neu anzuregen und damit das Dickenwachstum zu fördern.

Den Boden nicht nackt liegenlassen

- Sind die Bäume gut eingewurzelt und wachsen zügig, sät man zuerst reinen Weißklee ein, später ein Gemenge, und zwar:
- Für schwere Böden auf 100 m^2 120 g Wiesenschwingel, 60 g Lieschgras, 60 g Deutsches Weidelgras, 60 g Oldenburgisches Weidelgras, 30 g Weißklee.
- Für leichte Böden sieht die Mischung so aus: 20 g Wiesenschwingel, 160 g Deutsches Weidelgras, 100 g Oldenburgisches Weidelgras, 20 g Weißklee.
- Der Aufwuchs wird jährlich bis zu zehnmal geschnitten und im Bereich der Kronentraufe ausgebreitet.

Mehr Fallobst auf Grasland

- Obstbäume in Grasland werfen mehr Früchte ab, weil das Gras zuviel Wasser wegnimmt, wenn die Halme länger als 20 cm stehenbleiben.
- Damit dennoch genug Wasser und Nährstoffe an die Wurzeln kommen, müssen mit der Brechstange Löcher im Bereich der

äußeren Kronentraufe gestoßen werden und immer wieder mit nährstoffgesättigtem Wasser gefüllt werden.

- Zur Unterflurdüngung kann auch unter der Kronentraufe ein Ring Rasensoden abgestochen, umgeklappt und in den Ring gegossen und gedüngt werden.

Eisen läßt Äpfel wachsen

- Der Fruchtertrag von Apfelbäumen verbessert sich, wenn im Bereich der Kronentraufe und einige Handbreit darüber hinaus Eisenfeilspäne in der Oberkrume untergegraben werden.

Bessere Ernten mit Grasmulch

- Besser ist Grasmulch im Wurzelbereich, um die Verdunstung überhaupt erst gar nicht zuzulassen, und Gras wächst darunter nicht.
- Mulchmaterial soll mindestens eine Handbreit vom Stammgrund entfernt bleiben, damit die Rinde nicht verweichlicht und angefressen wird.

Spalierobst nicht austrocknen lassen

- Besonders wichtig sind Bodendecke und zusätzliche Wassergaben für Obstspaliere an Mauern, die viel Regen abhalten, den Wurzelraum einseitig begrenzen und in der gestauten Sonnenhitze einen viel höheren Verbrauch verursachen.

Ernteschwere Äste müssen gestützt werden

- Die Fruchtlast ernteschwerer Äste muß gestützt werden, bevor sie brechen. Gabelstangen rutschen in Wind und Regensturm oft ab.
- Besser halten Drähte, die von klein auf zwischen den Hauptästen gespannt werden.
- Damit die Drähte nicht einwachsen, werden Stücke eines alten Gummi- oder Plastikschlauchs untergelegt.
- Der Draht sollte möglichst plastikummantelt, wenigstens aber verzinkt sein, weil das Kronengerüst damit auf die Dauer zusammengehalten werden soll.

Süßkirschen befruchten Sauerkirschen

- Sauerkirschsorten, die nicht oder nur unvollkommen vom eigenen Pollen befruchtet werden, lassen sich willig von Süßkirschen wie Büttners Rote Knorpel, Kassins Früher und Schneiders Später Knorpel befruchten.
- Ist der Garten für einen Süßkirschhochstamm nicht groß genug, kann der Ast einer Süßkirsche als Stammverlängerung auf den Sauerkirschbaum aufgepfropft werden.

Baumwurzeln bleiben im Rahmen

- Mit Düngen, Wässern und Bodendecke kann man die Obstbaumwurzeln in engen Grenzen halten; denn wenn sie nahe beim Stamm alles finden, gibt es keinen Grund für sie, weiter auszugreifen.

- Der Kronenschnitt begrenzt ebenfalls das Wurzelwachstum, ohne daß damit die Ertragsleistung gemindert würde, wenn man für optimale Verhältnisse auf der Baumscheibe sorgt.

Obstbaumwurzeln brauchen Regenwürmer

- Da Obstbaumwurzeln stark lufthungrig sind, sie brauchen mindestens 10 Volumenprozent Luft in der Krume, muß die Oberfläche stets gut gelockert sein.
- Zugleich aber sollen die flachliegenden Wurzeln möglichst wenig ge- oder zerstört werden, so daß praktisch nur Bodendecke und Regenwürmer helfen können.
- Ausreichende Mengen von Regenwurmbrut zieht man im Kompostbehälter oder in Obstkisten heran, die mit Wellpappe und Kaffeesatz gefüllt sind.

Schneiden macht jung

- Je weniger eine Obstbaumkrone geschnitten wird, um so eher vergreist sie, bei Buschbäumen bereits nach ca. zehn Jahren.
- Mit einem Verjüngungsschnitt bis auf halbe Kronenhöhe und kräftigem Auslichten sind noch hohe Erträge zu erzwingen.
- Der Abwurfwinkel von Apfelbäumen und Zwetschgen liegt zwischen 90 und 110 Grad, gemessen an der Spitze des Mitteltriebes gleichmäßig nach beiden Seiten.
- Birnen, Pflaumen und Kirschen werden steiler auf 70 bis 90 Grad Spitzenwinkel gekappt.
- Der verjüngte Baum muß im folgenden Jahr frei von störenden Oberseiten- und Konkurrenztrieben gehalten werden, das Fruchtholz wird heruntergebogen.

Baumwachs läßt Wunden zuwachsen

- Wird Kerzenwachs mit Lein- oder Olivenöl zusammen geschmolzen, ist es streichfähig und kann als Baumwachs verwendet werden.

- Oder: Eine Mischung aus drei Teilen Hammeltalg und 2 Teilen Pech mit 35 Teilen Fichtenharz rührt man angewärmt in zehn Teile Spiritus ein.
- Nach Unwettern mit Astbruch und Hagelschlag müssen die Obstbäume auf Wunden untersucht werden. Bruchstellen und andere Verletzungen werden glattgeschnitten und mit Baumwachs verstrichen.

Birnen nicht höher als sechs Meter

- Birnenjungpflanzen als zweijährige Veredelung meist auf Quitte A sollen nicht höher als sechs Meter wachsen, locker garniert mit flachen Fruchtästen, die nicht geschnitten werden, weil sie gute Fruchtqualität nur am alten Holz tragen.
- Deshalb entfernt man alle fünf, sechs Jahre alles, was darüber hinausgewachsen ist, sowie alle steilen Triebe und Wasserschosse.

Wie kommt die Birne in die Flasche?

- An gut ausgesuchten, sonnigen Zweigen wird nach der Blüte eine Flasche über einen guten Fruchtansatz gestülpt und höheren Orts befestigt, daß ihr zunehmendes Gewicht den Fruchtzweig nicht bricht.
- Die reife Frucht wird vorsichtig vom Ast getrennt, alles herausgespült, was nicht in den Schnaps gehört, und ein Birnenbrand eingefüllt.

Pfirsiche aus Kernen ziehen

- Die Sorten Proskauer Pfirsich, Kernechter vom Vorgebirge, Roter und Weißer Ellerstädter können wurzelecht aus Samen gezogen werden. Das ist die Ausnahme.
- Die Kerne werden geknackt, ohne die Embryonen zu beschädigen, dann läßt man sie 48 Stunden in reinem Wasser von zehn Grad Celsius aufquellen.

- Einen Blumentopf füllt man bis zur Hälfte mit Sand, legt darauf eine Schicht Pfirsichkerne, füllt auf und vergräbt den Topf etwa 20 cm tief.
- Bei etwa acht bis zwölf Grad brauchen Pfirsichkerne 14 bis 16 Wochen, bis die keimungsfördernden Stoffe mobilisiert sind.
- Ausgesät wird im Frühjahr 5 bis 6 cm tief an einem vollsonnigen Platz, der mit Floratorf gründlich vorbereitet wurde.
- Kernechte Pfirsiche sind insgesamt widerstandsfähiger und im Holz weniger frostempfindlich. Für viele Gegenden die einzige Art, Pfirsiche zu ziehen.

Walnußbaum veredeln

- Die Walnuß soll an Ort und Stelle ausgesät werden, weil sie ihr ungeheuer weitläufiges Wurzelwerk so am besten erhält.
- Ausgesäte Walnußbäume bringen normalerweise minderwertige Erträge, müssen deshalb grundsätzlich veredelt werden.
- Als Unterlage wählt man Juglans regia oder nigra aus bester Selektion; im Freiland wird während des Sommers mit Plattenokulation (siehe Fachbegriffe S. 154) veredelt.
- Die erste Ernte ist an einem freien Standort nach frühestens 20 bis 22 Jahren zu erwarten.
- Geschnitten werden Walnüsse nur im zeitigen Frühjahr, da später zu viel Saft austritt.

Walnußbäume selber bestäuben

- Riesige Walnußbäume tragen außer im Weinklima nicht sehr gut. Der Grund ist, daß in kühleren Gegenden die weiblichen Blüten zu spät geöffnet werden. Die männlichen sind dann meist schon abgefallen und nicht mehr befruchtungsfähig.
- Dem läßt sich abhelfen, indem man die heruntergefallenen Kätzchen einsammelt, trocken lagert und fein zerrieben über den Baum stäubt, sobald die unscheinbaren Fruchtanlagen aufgehen.

Moos an Stämmen macht atemlos

- Die Baumrinde braucht Luft, also muß das Moos herunter, zuerst mit der Baumscharre.
- Dauerhafter wirkt ein scharfer Anstrich von 250 g Karbolsäure auf 1 l Wasser, außerdem wird davon jegliche Schädlingsbrut vernichtet.
- Ähnliche Wirkungen erzielen 250 g Chlorkalk auf 1 l Wasser, Kalkmilch oder eine Mischung aus zwei Teilen Kalkmilch, je einem Teil Lehm und Rindermist, mit einem Zusatz von Ruß und Schwefelbrühe.

Das Obst wird frischer

- Die Kernobsternte fällt oft in trockene Tage. Deshalb empfiehlt es sich am Tage zuvor reichlich zu wässern, so daß die Früchte viel voller und frischer abgenommen werden können.

Baumpfähle müssen haltbar sein

- Getrocknete Baumpfähle werden, damit sie länger in der feuchten Erde halten, von unten her einen Meter angekohlt, in Kalkmilch, Petroleum oder 4%iges Kupfervitriol gestellt und nach dem Abtrocknen mit verdünnter Schwefelsäure bestrichen.

Beerenobststämmchen mit Wassersucht

- Hochstämmchen bekommen wasserhaltige Gewebewucherungen an der Veredelungsstelle, wenn die Krone zu klein oder schwach oder zu stark geschnitten ist, so daß der Saftstrom nicht vollständig aufgebraucht, sondern gestaut wird.
- Damit die Kronen nicht brechen, muß weniger gedüngt, der Wurzelballen verkleinert und in feuchten Zeiten mit Folie für trockeneren Boden gesorgt werden. Auch dichter Graswuchs hilft schon etwas.

- Da solche Erscheinungen immer wieder, oft erst nach Jahren, auftreten, empfiehlt es sich, an solchen Stellen keine Hochstämmchen, sondern normale Johannis- oder Stachelbeersträucher zu pflanzen.

Baumbänder dürfen nicht abwürgen

- Selbst Gummi und Plastik schnüren den Stamm ein, wenn zu eng gebunden und nicht gelockert wird, sobald das Dickenwachstum es verlangt.
- Gebunden wird in Form einer Acht, um eine gewisse Beweglichkeit zu erhalten.
- Werden Kokosfaserstricke verwendet, legt man einen fest zusammengedrehten Grasbüschel zwischen die Reibestelle.

Wenn der Austrieb sich verzögert

- Frischgepflanzte Obstbäume, die nicht rechtzeitig austreiben wollen, sollen noch einmal kräftig eingeschlämmt werden.

Frost während der Blütezeit

- Spätfrost in der Blütezeit schädigt vor allem die bodennahen Blüten, weil Kaltluft schwer ist und der Strahlungsfrost aus dem Boden in klaren Nächten hinzukommt.
- Dennoch sind es nur wenige Grad unter Null, die sich durch Folien, Feuer und Eis fernhalten lassen.
- Werden Sträucher zusammengebunden, gibt das schon bis zu vier Grad Schutz.

Eis schützt vor Frost

- Sind Frühjahrsfröste angekündigt, werden Erdbeerbeete tags zuvor zwischen den Reihen kräftig gewässert, so daß sich bei Abkühlung ein Niederschlag bildet, der Kondensationswärme abgibt.

- Höhere Gehölze werden die ganze Nacht hindurch mit mindestens zwei Millimeter pro Stunde beregnet, so daß bei der Eisbildung Kälte entzogen wird.
- Das verhindert eine Auskühlung der eisumschlossenen Pflanzenteile unter 0,5 Grad unter Null, den kritischen Grenzwert.

Wo Rauch ist, erfrieren keine Blüten

- Kleine Ölöfen strahlen genug Wärme seitlich ab, wenn drei Stück auf 100 m^2 Obstbaufläche aufgestellt und die Nacht über mit Altöl (nicht vom Auto) beheizt werden; am besten wird Spindelöl verbrannt.
- Es genügen auch kleine Haufen Sägemehl, die mit Altöl getränkt und in Brand gesetzt werden. Sie haben eine Brenndauer von zwei bis drei Stunden.
- Liegt das Grundstück entsprechend, kann man Rauch erzeugen, indem Laub, nasses Stroh, Holzabfälle verbrannt werden und eine dichte Nebeldecke herstellen.

Wespen, die zu tief in die Flasche sehen

- Weithalsige Flaschen, mit Zuckerwasser oder gesüßtem Bier und einem Schuß Essig, werden in die Obstbäume gehängt, um ab April die Wespenköniginnen zu fangen, bevor sie sich ein Nest gebaut und Nachwuchs gezeugt haben.

Das volle Fruchtaroma

- Aprikosen und Pfirsiche entwickeln ihr volles Aroma erst am zweiten Tag nach der Ernte. Die in der Mittagshitze geernteten Früchte schmecken weniger gut, auch Regenwetter verdirbt den Geschmack.
- Erdbeeren haben den höchsten Gehalt aromatischer Öle, nachdem morgens der Tau abgetrocknet ist, bis gegen zehn Uhr vormittags.

- Es gibt Apfelsorten, die erst nach wochenlangem Lagern wirklich reif werden wie die Kanada-Renette und der Weiße Winter-Calvill. Sie sind für den Obstbau im Hausgarten zum Frischverzehr ungeeignet.

Rhabarber ist kein Obst

- Rhabarber wird früher erntefähig, wenn man die Pflanze mit einer Kiste überbaut und diese dick mit Laub, Mist oder Rohkompost eindeckt.
- Rhabarberstiele werden nie geschnitten, sonst bleiben leicht faulende Stümpfe zurück, sondern herausgedreht.
- Nie werden zu viele Blätter auf einmal entfernt, weil die Pflanze Aufbaustoffe zum Leben braucht.
- Immer werden die Blüten schon als Knospe ausgebrochen, um möglichst wenig Aufbaustoffe unnötig zu verlieren.

Erdbeeren modern anbauen

- Im modernen Anbau stellt man die Reihen sehr eng auf 20 bis 25 cm und hackt im zweiten Jahr jede zweite Reihe heraus.
- Nach der Ernte kann man die Blätter abmähen, weil sie auf die neue Knospenbildung eher einen hemmenden Einfluß ausüben.
- In diesem Fall müssen die bloßliegenden Pflanzenherzen vor der Witterung anderweitig geschützt werden.
- Bodendecke mit Torf ist am besten, weil die Wurzeln sehr flach verlaufen und keinesfalls geschädigt werden dürfen.
- Der beste Schutz der Früchte vor Schmutz und manchen Schädlingen ist Holzwolle oder Stroh zwischen den Reihen.
- Die Pflanzung in flach auf der Erde liegende Schwarzfolie hat sich noch besser bewährt, weil die Bodendecke jede einzelne Pflanze voll einschließt.
- Gepflanzt wird in Kreuzschnitte, nachdem die Folie ausgerollt und an den Beeträndern windfest vergraben wurde.

Brombeeren ohne Dornen

- Die starkwüchsigen, dornenbewehrten Ranken früherer Brombeersorten sind selbst am dreifach gespannten Drahtgerüst nur mühsam und schmerzlich im Rahmen zu halten.
- Besser sind aufrecht wie Himbeeren wachsende dornenlose Sorten, die vor dem Austrieb im Frühjahr auf 1,50 m zurückgeschnitten werden.
- Rankende Sorten müssen ungeheuer geschnitten werden:
  1. alles abgetragene Holz;
  2. alle Seitentriebe aus den Blattachseln;
  3. von Seitentrieben kann ein Auge stehenbleiben, das muß dann im Sommer auf 3 Blätter gekürzt werden;
  4. ausgewachsene Pflanzen behalten je nach Platz 3 oder 4 Bodentriebe, höchstens 6;
  5. diese werden auf 3 bis 4 m Länge gehalten;
  6. nach der Ernte werden alle vorjährigen Ranken mit der Astschere dicht über dem Boden ohne Stummel gekappt;
  7. im Winter schneidet man alle Bodentriebe auf 2 m zurück;
  8. an ihnen entstehen im Laufe des Sommers Seitenranken, die laufend auf 1 oder 2 Augen eingekürzt werden.

Himbeeren lohnen wieder

- Die neuen virusfreien Himbeersorten haben den Anbau auch im Garten wieder lohnend gemacht.
- Um der Rutenkrankheit zu entgehen, werden alle abgetragenen Ruten unmittelbar nach der Ernte bis auf die Erde zurückgeschnitten, außerdem alle schwächlichen Neutriebe, so daß jeder Pflanze nur 5 bis 6 kräftige Ruten bleiben.
- Als Waldpflanzen wünschen sie sich eine dicke Torfdecke, die jeden Herbst erneuert wird.
- Nach zehn Jahren wird die ganze Reihe erneuert, da die Früchte von Jahr zu Jahr kleiner werden.

Stämmchen schützen vor Stacheln

- Fuß-, Halb- oder Hochstämmchen halten die fruchtschweren Zweige der Stachelbeeren sauber und sind leicht abzuernten.
- Das lockere Kronengerüst sollte locker aus 5 oder 6 Haupttrieben aufgebaut sein, die gut mit Fruchtholz bekleidet sind.
- Werden Jungtriebe zu lang, kürzt man sie entsprechend ein, ebenso alle Triebspitzen, wo Amerikanischer Mehltau auftritt.
- Der Schnitt sorgt weiter dafür, daß die Krone für den Stamm und Pfahl nicht zu schwer wird.

Johannisbeeren in V-Form

- Erheblich höhere Erträge liefert die neue Form, Johannisbeeren zu ziehen, als Hecke zwischen Doppeldrähten.
- Aus Holland kommt eine Heckenform, die der von Himbeeren ähnelt, mit einer Pflanzweite von 50 cm, und jede Pflanze behält nur einen Bodentrieb, der acht Jahre trägt. Die Wände werden 2 m hoch und sind ideale Trennhecken.
- Schwarze Johannisbeeren in intensiver Pflanzung stehen auf 1 m Abstand mit 4 bis 8 Bodentrieben, die 1 bis 3 Jahre alt sind. Also muß jedes dritte Jahr streng ausgelichtet werden.

Weinklima ist an jeder Hauswand

- Wurzelechte Topfreben vertragen in allen Holzteilen bis 20 Grad unter Null; trotzdem wird jeden Herbst hoch angehäufelt.
- Das vorstehende Dach hält Regennässe und damit den Befall von Peronospora-Pilzen zurück.
- Der Weinstock fruchtet wie das Steinobst am zweijährigen Holz, so daß zum ganzen Rebschnitt nicht mehr gehört als Tragruten auszubilden, an denen viele Trauben hängen.
- Das einfachste ist der Zapfenschnitt auf zwei Augen: Aus dem oberen entsprießt während des Sommers die Tragrebe, aus dem unteren die Ersatzrebe.

Heidelbeeren im Garten

- Die Sträucher brauchen so niedrige pH-Werte, daß ihr Wurzelraum in normaler Umgebung tief hinunter abgeschottet und in saurem Zustand gehalten werden muß.
- Als Setzlinge braucht man 3- bis 4jährige Jungpflanzen, damit sie im zweiten Jahr tragen, und das 30 Jahre lang bis 10 kg pro Strauch.

Ebereschen nicht nur Vogelfutter

- Die Beerenfrüchte der eßbaren Eberesche sind zwar roh ungenießbar, aber in der Küche äußerst abwechslungsreich, dazu gesundheitlich wertvoll, besonders bei Halskrankheiten.
- Außer Vögeln haben die Bäume keine Feinde, selbst in rauhem Klima wachsen sie kräftig und fruchten reich.
- Neben dem Fruchtschmuck sind die schlanken Bäume mit ihren gefiederten Blättern ein Gewinn in jedem Gehölzstreifen.
- Die getrockneten Beeren sind eins der beliebtesten Winterfutter für die Gartenvögel.

Kulturpreiselbeeren geprüft

- Nur wenige Zentimeter sauren Boden brauchen Preiselbeeren im Garten, der dafür keineswegs unter Wasser stehen muß.
- Es genügt, wenn die immergrünen Flachsträucher mit Torf, Stroh oder Fichtenreisig vor dem Austrocknen bewahrt werden. Frosthart sind sie selber.
- Die Beeren schmecken angenehm säuerlich und enthalten hohe Mengen an Vitamin C.

Edelholunder erwerbsgeeignet

- Neue Holundersorten reifen erst, wenn die Stare bereits abgeflogen sind, so daß sie verlustlos wochenlang geerntet werden können.
- Gegen andere Schädlinge und Krankheiten sind die robusten Sträucher bisher immun geblieben.
- Nach der Blüte muß in trockenen Jahren zusätzlich gewässert werden, wenn man verhindern will, daß die Trauben abrieseln.
- Gegen Schnitt sind Holundersträucher regelrecht empfindlich, so daß man sie wachsen lassen muß wie's kommt.
- Die Früchte sind vielseitig verwendbar, nicht nur zu zahlreichen Obstgerichten, sondern als Heilmittel bei Erkältungen, Grippe und Zahnschmerzen.

Kiwis an Strahlengriffeln

- Das Strahlengriffelgewächs Actinidia, hier im Handel auch Kiwi genannt, ist in einer Art an warmen Stellen des Gartens anbaufähig geworden.
- Früchte wird man allerdings nur dann ernten, wenn männliche und weibliche Pflanzen dicht beieinander stehen.
- Weiter sollte es recht warm sein, aber nicht sonnig, im Winter ist Frostschutz angebracht.

- Wenn sich keine der wohlschmeckenden, vitaminreichen Früchte ausbilden oder die Knospen abrieseln, so sind sie doch, wie alle anderen Strahlengriffelarten, dekorative Rankgehölze, die zwei, sechs, acht Meter hoch steigen.

Josta und andere Loganbeeren

- Zwischen mehreren Beerenarten ist es zu natürlichen und künstlichen Kreuzungen gekommen, die sich zu Mischfrüchten ausgewachsen haben.
- Neuerdings wurden Schwarze Johannisbeeren mit Stachelbeeren gekreuzt und daraus eine Frucht namens Josta gewonnen. Von der übertriebenen Reklame abgesehen, könnte sich daraus ohne weiteres ein neuer Fruchttyp entwickeln.

Die schönsten Rosen vom Kohl

Die besten Tips für Gemüse

Köpfen bringt bessere Knospen

- Die Endknospe des Rosenkohls wird abgeschnitten, sobald die untersten Röschen etwa einen Zentimeter Durchmesser haben, spätestens aber vier bis sechs Wochen vor der Ernte.
- Die Erntemenge ist deutlich höher, wenn durchgepflückt wird, so daß die stehenbleibenden Röschen gleichmäßiger und fester nachwachsen können.
- Nach der ersten Ernte wird einmal mit 1,5 bis 2 kg Kalkammonsalpeter auf 100 m^2 nachgedüngt, wenn den Winter über durchgepflückt werden soll.
- Frosthärter und intensiver ausgefärbt sind die Röschen, wenn magnesiumhaltige Volldünger oder ein reiner Magnesiumdünger wie Kieserit mit 2 kg je 100 m^2 zugegeben wird.

Stark duftende Pflanzen vertreiben Kohlweißlinge

- Mischkultur von Bohnen, Tomaten und anderen stark duftenden Pflanzen hält Kohlweißlinge davon ab, an den Blattunterseiten ihre Eigelege anzuheften.
- Werden Farnblätter auf dem Boden rund um die Pflanzen verteilt, schreckt das zugleich die Nacktschnecken ab.
- Gelege und Jungraupen sind mit einer dreiprozentigen Wermutlösung stark zu schädigen.
- Oder: Spritzen Sie dreimal die Woche mit einer Brühe, in der mehrere Stunden lang die Geiztriebe von Tomaten eingeweicht wurden.

Blumenkohl auf der Wäscheleine

- Wenn die Blume des Kohls sichtbar wird, knickt man die mittleren Blätter behutsam zur Mitte um, daß sie vor dem Sonnenlicht geschützt ist und weißer bleibt.
- Soll Blumenkohl bis zu drei Wochen aufbewahrt werden, nimmt man ihn mit anhaftender Erde heraus, steckt den Ballen in eine Plastiktüte und hängt die Pflanzen im kühlen Keller über eine Leine.

Lagerkohl behält die Wurzeln

- Rot-, Weiß- und Wirsingkohl hält sich besser im Keller, wenn die Wurzeln dranbleiben und in mäßig feuchtes Torf-Sand-Gemisch eingeschlagen werden.

Mehr als eine Knolle vom Kohlrabi

- Läßt man bei der Kohlrabiernte einen flachen Rest der Knolle auf dem Stengel stehen, bilden sich mehrere kleine, sehr zarte Knöllchen.

Die zweite Blüte des Brokkoli

- Die Blütenknospen des Brokkoli dürfen sich nicht öffnen, sonst werden sie ungenießbar.
- Schneidet man den dicken Blütenstand aus der Mitte heraus, kann aus Seitentrieben eine zweite Ernte erzielt werden.
- Die dicken Stiele schmecken geschält zubereitet wie Spargel und rechtfertigen den Namen Spargelkohl.

Grünkohl als Spät- und Frühgemüse

- Erntet man vom Grünkohl während des Winters nur die Blätter und Endrosette, treiben aus den Stielen im Frühjahr frische Sprosse für erste Grünmahlzeiten.
- Andere winterharte Kohlarten bleiben ebenfalls bis zum Frühjahr stehen, wenn man von ihnen das erste Freilandgemüse, den Sprossenkohl, ernten möchte.

Stielgemüse aus Mairüben

- Ein wohlschmeckendes Stielgemüse erzielt man, indem Mairüben dreimal so dicht wie normal mit 3 g pro 1 m^2 ausgesät werden, so daß sie keine Rüben bilden, aber die Blattstiele kräftig entwickeln.

Die Kohlrübe gehört zu den Feinschmeckergemüsen

- Nicht zu den Kohlarten gehört dagegen die Kohlrübe, die erst Mitte Mai zur Julipflanzung sehr dünn ausgesät wird, um kräftige Setzlinge zu erzielen.
- Die Mindestabstände sind wichtig: 50 cm zwischen, 40 cm in den Reihen.
- Die frostharten Rüben halten auf dem Lager bis zum nächsten April; sie sind zu einem Feinschmeckergemüse geworden.

Schwarzwurzeln bleiben weiß

- Die geschälten rohen Wurzeln verfärben sich nicht so schnell, wenn sie direkt in kaltes Wasser gelegt werden, in das zwei Eßlöffel Mehl und vier Eßlöffel Essig eingerührt wurden.
- Damit die Finger beim Putzen der schwarzbraunen Korkschicht nicht zu stark einfärben, schält man die Wurzeln zweckmäßigerweise erst nach dem Kochen.

Gelbe Rüben mit Radieschen mischen

- Möhren und andere langsam keimende Samen werden mit Radieschensamen gemischt, die schon nach Tagen zu sehen sind, so daß man den Boden bearbeiten kann, ohne die Saatreihen zu stören.
- Sind die Radieschen gezogen, haben die Möhren mehr Platz, sich zu entwickeln, ohne daß man sie auf 4 bis 6 cm vereinzeln müßte.
- Der freie, offene Stand schränkt den Befall von Möhrenfliegen ein. Zwischenreihen von Zwiebeln, Lauch und Kresse vertreiben diesen Schädling hier ebenso wie umgekehrt Möhren die Zwiebelfliege und Lauchmotte, wird behauptet.
- Die Möhren werden kräftiger rot, wenn sie mit kalibetonten Düngern versorgt werden.
- Die Möhrenköpfe werden nicht grün, wenn man die Reihen anhäufelt oder mit Torf eindeckt.

- Das Carotin ist eine Vorstufe des wichtigen Vitamins A und wird vom Körper besser ausgenutzt, wenn die Wurzeln gekocht verzehrt werden.

Schwarze Läuse befallen Rote Rüben

- Acht Eßlöffel Wermuttee in vier Litern Wasser, einen Tag lang eingeweicht, wirken gegen die Schwarze Bohnenlaus.
- Wo Schneebälle (Viburnum) in der Nähe wachsen, sollte man sie stets mit bespritzen; denn sie dienen diesen Bohnenläusen als Zwischenwirt.
- Die Roten Rüben werden dicker, wenn jeweils zwischen ihnen eine Reihe Lauch oder Kohlrabi angebaut wird.
- Bei der Ernte dürfen die Rüben nicht verletzt werden, weil sie stark bluten und dann wertloser sowie fäulnisanfälliger sind.
- Der Blattschopf wird deshalb nur abgedreht oder 3 cm lang abgeschnitten.

Keine pelzigen Rettiche

- Daß Rettiche pelzig werden, verhindert viel Humus und Feuchtigkeit, außerdem muß rechtzeitig geerntet werden.
- Erdflöhe verschwinden, wenn oft mit reinem Wasser gespritzt oder gegossen und immer wieder gehackt wird.

Radieschen sind nicht bloß Füller

- Am Rande und im Schatten anderer Gemüse bringen Radieschen viel Laub und wenig Knollen.
- Nur reichlich Abstand zwischen und in den Reihen läßt mehr als 40% das Idealmaß von 22 bis 27 mm erreichen. Mindestens 2 bis 3 cm weit und höchstens 1,5 cm tief sollen die Samenkörner liegen.
- Die knackigen Würzelchen sind so salzempfindlich, daß sie in Mischkultur nur eingesetzt werden können, wenn vorher nicht zuviel Stickstoff gestreut worden ist.

Knollensellerie braucht Kochsalz

- Volldünger für Sellerie sollte ausnahmsweise nicht chloridfrei sein, andernfalls streut man zur mittleren Gabe eine kräftige Prise Kochsalz.

Meerrettich mit antibiotischer Heilkraft

- Die schwachen Seitenwurzeln einjähriger Stangen reibt man vor dem Pflanzen mit einem festen Leinenlappen gründlich ab, damit alle Seitenaugen blind werden.
- Alle Wurzelreste bei der Ernte sorgsam aufsammeln, sonst kann es ungemein schwierig werden, das Land wieder meerrettichfrei zu bekommen.
- Da sie frisch am meisten ätherische Öle enthalten, die eine antibiotische Heilkraft haben, deckt man die Pflanzen vor dem Frost dick ab und hebt sie bei Bedarf aus dem Boden.

Frische Petersilie im Winter

- Die größeren Wurzeln der Petersilie hebt man zum Treiben im Winter auf, nachdem das Laub bis zum Ansatz der Blattstiele abgedreht wurde, wobei die fünf oder sechs Herzblätter geschont werden müssen.
- In Folgen topft man immer so viele Wurzeln ein, wie in der Küche verbraucht werden, und stellt die Töpfe hell, aber nicht zu warm auf. Der Erfolg ist verblüffend, der Petersiliensegen hört nicht mehr auf.

Nützliche Brennesseln

- Heil- und Würzkräuter gewinnen einen höheren Gehalt an ätherischen Ölen, wenn sie unmittelbar neben Brennesseln wachsen; es wird deshalb regelrecht empfohlen, Brennesseln anzusiedeln, die als frischer Salat oder Spinat im Frühjahr genießbar sind und so übel gar nicht aussehen.

Gartenkresse auf einer alten Zeitung

- Der schnellste aller Salate wächst in der Küche binnen einer Woche auf Zellstoff, Löschpapier, Schwedenkrepp, Papiertaschentüchern, ja selbst auf einer Seite Zeitungspapier.
- Legen Sie das von Ihnen gewählte Material in eine flache Schale, befeuchten Sie es durch und durch und säen Sie ein. Der Erfolg stellt sich schon nach 3 bis 4 Tagen ein.

Spinat und Kohl vertragen sich gut

- Einer der 85 Seifenstoffe (Saponine) entsteht in den Wurzeln des Spinats und fördert zum Beispiel das Zellwachstum des Kohls, wenn Spinat als Unterkultur angesät wird.

Eissalat für heiße Tage

- Kopfsalat schießt im Sommer so leicht, daß lieber Eissalat gesät werden sollte, der unbeeindruckt von der Witterung bis 1 kg schwere, nußartig mild schmeckende Köpfe von knackiger Frische bringt.

Kopfsalat nachwachsen lassen

- Schneidet man den Kopfsalat so heraus, daß die Außenblätter an der Wurzel stehenbleiben, in der Küche werden sie sowieso meist weggeworfen, treiben aus den Blattachseln viele frische Blätter, die wie Pflücksalat geerntet werden und wie Kopfsalat schmecken.

Pflücksalate teurer als Rinderfilet

- Schießfest sind die Pflücksalate Amerikanischer Brauner und Australischer Gelber nach Aussaat im März an Ort und Stelle, mit 30 cm Reihenabstand und 15 cm in der Reihe, während
- der Gelbe Runde Schnittsalat ziemlich schnell und der Krause

Gelbe mittelfrüh schießen. Dafür kann mit 20 cm Reihenabstand und 5 cm in der Reihe enger gesät werden.

- Gute Sorten Feldsalat sind so frostfest, daß vom gefrorenen Boden geerntet werden kann, und das lohnt; denn der Kilopreis liegt höher als beim feinsten Rinderfilet.

Porree am laufenden Band

- Läßt man bei der Porree-Ernte ein Stück über den Wurzeln stehen, wachsen immer neue Lauchstangen nach, die bis in den Winter geerntet werden können.
- Die Stangen wachsen am besten, wenn die Wurzeln nicht tiefer als 15 cm in den Boden kommen. Damit sie dennoch lang weiß werden, häufelt man später an.
- Jungpflanzen werden vor dem Setzen weder im Laub noch an den Wurzeln gekürzt.
- Kein Körnchen Dünger und kein Krümel Erde darf zwischen die Blattscheiden geraten.
- Sind die Beete mit Kohlhernie verseucht, sollte man sie anschließend mit Porree bepflanzen.

Perlzwiebeln aus Porreestangen

- Läßt man Porree im zweiten Jahr nach der Blüte stehen, bilden sich zahlreiche Brutzwiebeln, die als Perlzwiebeln bezeichnet und so verwendet werden.
- Richtige Perlzwiebeln sind eine Art für sich, Perl- oder Weinlauch, der im Herbst gesteckt wird und bereits im ersten Jahr bis August viele Brutzwiebeln ausbildet. Sie sind nicht lagerfähig und müssen deshalb eingelegt werden (Mixed Pickles).

Winterharte Zwiebelarten

- Winterheck- und Schnittzwiebeln, Röhrenlauch und Schalotten werden im August gesät oder im Herbst gesteckt, um bis zum Frühjahr frischen Lauch zu liefern.

Schnittlauch warm baden

- Die abgetrockneten, durchfrorenen, verdorrten Wurzelklumpen des Schnittlauchs werden 12 Stunden lang in 40 bis 45 Grad warmes Wasser gelegt, damit sie in ihren Töpfen schneller zum Treiben kommen.

Tomaten im Farbeimer

- In den großen Farbeimern aus dem Malergeschäft wachsen Gartensorten von Tomaten besser als im Freien, wenn man sie immer an die sonnigste, heißeste Stelle am Haus stellt und bei längerem Schlechtwetter hereinholt.
- Grüne Tomaten reifen abgenommen nach, wenn sie bereits einen hellen Schein haben, andere sind für manchen anderen Zweck in der Küche verwertbar.
- Im Haus reifen Tomaten nach, wenn man die Pflanzen mit Ballen und kopfüber in einem kühlen, hellen Raum auf die Leine hängt.
- Späte Tomaten liefern Geiztriebe, die in Töpfen gezogen bis zum Herbst voller grüner Früchte hängen.
- Freilandtomaten bleiben gesünder, wenn man zwischen den Reihen oder rund um Einzelpflanzen mit 30 cm Mindestabstand Zwiebeln legt. Studentenblumen wehren Wurzelälchen ab.

Tomaten im Torfsack

- Torfsäcke eignen sich als Pflanzgefäße für Tomaten auf dem Balkon, wenn man sie flach legt, seitlich ein ausreichend großes Pflanzloch hineinschneidet und in das Substrat pflanzt.

Gurken nicht auf der Erde herumliegen lassen

- Die Gurkenernte ist leichter und besser, wenn man die Ranken nicht auf der Erde wachsen läßt, sondern auf einem schräggespannten Maschendraht. Gurkenranken sind höchst empfindlich gegen Bewegungen, Verdrehungen oder gar Verletzungen beim Abernten.

- Empfindlich sind Gurken gegen zu viel Mineraldünger im Boden. Darum gibt man nur kleine Dosen, aufgelöst im Gießwasser. Anschließend wird durchdringend gewässert.

Keine bitteren Gurken mehr

- Bittere Gurken sind nicht krank, sondern verbittert, weil sie an heißen Tagen mit kaltem Wasser geschockt wurden oder nach langer Trockenheit eine Überschwemmung angerichtet wurde.

Bohnen keimen besser

- Wie andere großsamige Gemüsearten keimen Gartenbohnen besser, wenn sie einen Tag vor der Aussaat in lauwarmes Wasser gelegt werden.
- Bleibt es in den Tagen nach der Aussaat trocken, ist eine erste Wassergabe angebracht, noch bevor die Keimlinge den Boden durchbrechen.
- Damit die Erdoberfläche nicht unnötig verhärtet, legt man die Bohnenkerne in vorgewässerte Pflanzlöcher und deckt mit torfgemischter, lockerer Erde ab.
- Nach jeder Ernte sollte der Boden behutsam oberflächlich mit der Ziehhacke wieder aufgelockert werden.

Achtung Rohköstler: Grüne Bohnen sind roh giftig

- Vor allem Kinder sollte man davor warnen, grüne Bohnen roh zu verzehren, da sie in Hülsen und Kernen einen Giftstoff enthalten, das Phasin, eine Stickstoffverbindung, die rote Blutkörperchen verklebt.
- Das gilt auch für getrocknete grüne Bohnen und Salate; denn nur durch Kochen wird der Giftstoff vollständig abgebaut.

Grüne Stellen an der Kartoffel sind giftig

- Kartoffeln werden dunkel gelagert, weil sich im Licht ein Teil der Oberfläche grün verfärbt. Diese Stellen enthalten Solanin, ein stark giftiges Alkaloid, das auch in unreifen Tomaten ist. Schon 0,02 % genügen, um bis zur Bewußtlosigkeit zu führen.
- Auch unreife Kartoffelknollen und -keime können auf diese Promille kommen.
- Werden die Kartoffeln an den ergrünten Partien dick geschält, kann nichts passieren.

Puffbohnen werden beliebt

- Feinschmecker entdeckten die Dicken Bohnen, die den besten Ertrag nach der frühesten Aussaat – je nach Witterung schon ab Februar – bringen, da diese vor den Schwarzen Bohnenläusen sicherer sind.
- Einige Grade Nachtfrost vertragen sie durchaus; deshalb kann man die Samen in Kistchen oder Schalen vorkeimen, die fünf bis sieben Zentimeter hoch mit feuchtem Humintorf gefüllt sind.

Man kann immer auf Erbsen zählen

- Hohe Wuchsformen an Maschendraht oder Reisern bringen auf derselben Fläche einen wesentlich höheren Ertrag im Vergleich zu standfesten Sorten, die keineswegs bei jedem Wetter stehenbleiben und auf einmal geerntet werden sollten.
- Markerbsen zum Beispiel müssen stets abgeerntet werden, nachdem sie reif sind, denn sie können nicht getrocknet werden wie Palerbsen.
- Zuckererbsen unterscheiden sich von anderen durch das fehlende Häutchen in den Hülsen, die deshalb mit verzehrt werden können.
- Als Vogelschutz sind nur Netze sicher genug. Aber: sind die

Triebe erst einmal handhoch, werden sie so bitter, daß die Vögel nicht mehr drangehen.

- Schmetterlingsblütler sammeln im Verein mit Knöllchenbakterien im Boden Stickstoff an, bis 100 g auf 10 m^2. Deshalb läßt man nach der Ernte die Wurzeln im Boden und pflanzt anschließend auf dasselbe Stück Starkzehrer wie einige Kohlarten.

Spargel unter der Haube

- Ein Großschädling wie die Spargelfliege ist kaum von chemischen Mitteln zu treffen, da ihre Maden und Puppen im Innern der Spargeltriebe gut geschützt sind.

- Wirksame Abhilfe bieten Papier- oder Plastikmäntel, die vor der Eiablage ab Mitte April an den jungen Pflanzen angebracht werden.
- Besonders zart wird Spargel, wenn man ihn in einer umgekehrt aufgestellten dunklen Flasche wachsen läßt, die man abstützen und beschweren muß.

Flachfolien drunter und drüber

- Zu den Anbauhilfen vor allem bei feineren, wärmeliebenden Gemüsen und Erdbeeren gehören neuerdings Schwarzfolien, die man dem Boden auflegt und durch Kreuzschnitte pflanzt.
- Die fein geschlitzten, „mitwachsenden" Flachfolien, die selbst zarteste Triebe nicht verbiegen, bieten beinahe den gleichen Schutz wie Folientunnel oder Frühbeetkästen.
- Neben diesen relativ klaren Durchsichtfolien gibt es für heiße Tage weiße Schattierfolie, um Trocken- und Hitzeschäden vorzubeugen.
- Alle Folienarten sind zugleich Pflanzenschützer.
- Foliengewächshäuser stehen Glashäusern in keinem Punkte nach, sind aber nur einen Bruchteil so teuer.

Frühkartoffeln ohne Knollenfäule

- Die Kraut- und Knollenfäule ist der schlimmste Feind der Frühkartoffeln, weil sie während der höchsten Ansteckungsgefahr am empfindlichsten sind, vor allem bei feuchter Witterung.
- Schon ein Folientunnel kann verhindern, daß die Sporangien in Regen- und Tautropfen keimen und die ganze Reihe verseuchen.
- Nur die noch nicht ins Blatt eingewachsenen Pilze können durch Kupferkalkbrühe daran gehindert werden, sich weiter auszubreiten. Vor der Ansteckung sollte mehrmals damit gegossen werden.

Petersilie, Suppenkraut

Die besten Tips für Küchenkräuter und Gewürze

Frische Kräuter – kein Kräuterheu

- Gewürz- und Heilkräuter enthalten ihren vollen Gehalt ätherischer, also höchst flüchtiger Aroma-Öle, nur zu bestimmten Tageszeiten und in wengen Stadien ihrer Entwicklung. Die Anzucht und Ernte im eigenen Garten ist also die einzige Möglichkeit, ihre volle Wirkung genießen zu können.
- Von den mehrjährigen Arten wie Estragon, Liebstöckel, Bergbohnenkraut, Wermut, Rosmarin, Majoran, Schnittlauch und Basilikum bestellt man im Herbst Jungpflanzen.
- Im Frühjahr sät man Petersilie, Borretsch, Zitronenmelisse und Dill aus.
- Am Rande von Blumenbeeten oder Gehölzstreifen ist immer Platz genug für eine Reihe von Kräutern, die selbst neben Ziergewächsen immer noch dekorativ genug aussehen.
- Besser ist selbstverständlich, für den täglichen Bedarf auf ungedüngtem Land ein kleines Kräutergärtchen anzulegen.
- Die meisten stellen denkbar geringe Ansprüche an Boden und Klima, nur sollte man sie frei von jeder Art Mineraldüngung halten, sonst leiden Geschmack und Haltbarkeit.
- Nur wo der Boden absolut ausgelaugt ist, kann man vor der Bestellung eine Gabe nicht zu feiner Hornspäne streuen.

Petersilie nicht nur zur Dekoration

- Schnittpetersilie wird in so großen Mengen verbraucht, daß sich ihr Anbau immer lohnt.
- Damit die erste Ernte nicht zu lange auf sich warten läßt, werden die Jungpflanzen in Saatkisten oder im Frühbeet vorgezogen und später im Abstand von 20 mal 6 bis 8 cm ausgepflanzt.
- Zur Garnierung eignen sich krause Sorten, die vergleichsweise weniger aromatisch sind.
- Den höchsten Gehalt an ätherischen Ölen liefern glattblättrige Sorten, die immer rechtzeitig geschnitten werden sollten, um den Stengelanteil gering zu halten.
- Für den Winterbedarf friert man das Grün ein, indem man es

vier Minuten über Wasserdampf blanchiert und in Plastikbeutel füllt.

Borretsch schmeckt und schmückt

- Die schönlaubige, ansehnlich blühende Großstaude ist so robust, daß sie niemand aussäen muß, wo sie sich einmal angesiedelt hat. Sie kann sogar im Blumentopf gezogen werden.
- Die Blätter des Borretsch machen jeden Salat, vor allem Gurken, schmackhaft, allerdings nur solange sie noch jung sind.

Beifuß kommt selten allein

- Der einjährige *Beifuß* ist pflückreif, wenn sich die Knospen öffnen.
- *Bergbohnenkraut* wird nicht nur für Bohnengemüse gebraucht, sondern dient als guter Pfefferersatz. Es ist ausdauernd und wird ganz geschnitten, sobald sich die Blüten zu öffnen beginnen, und an der Luft getrocknet.
- *Basilikum,* auch Königskraut genannt, kann als Universalgewürz bezeichnet werden für Soßen, zu jungem Gemüse und Fleischspeisen. Die Blätter können im Gegensatz zu den meisten anderen Kräutern das ganze Jahr über geerntet werden.
- *Dill* wird kurz vor der Blüte aus dem Boden gezogen und ganz getrocknet. Dieses einjährige Kraut ist ein ausgezeichnetes Gewürz für Fisch, Salate und zum Einlegen von Gurken.
- *Estragon* dagegen überdauert Jahre und wird durch Stecklinge vermehrt. Das Kraut wird im Frühsommer und Frühherbst geschnitten und trocken aufbewahrt. Es ist eine feine Würze für Soßen, Salate, Rohkost und beim Gurkeneinlegen unentbehrlich.
- Einjähriger *Kerbel* sollte nur frisch verwertet werden; deshalb werden alle drei, vier Wochen Folgesaaten an eine halbschattige Stelle gelegt. Die frisch gehackten Blätter ergeben schmackhafte Suppen, bereichern Rohkostplatten, Butterbrote, Käse und Tomaten.

- Fast überall kann *Koriander* mehrjährig angebaut werden. Er läßt sich frisch genießen, aber auch getrocknet zu Kohlsalaten, Roh- und Diätkost, Gulasch und Wild; an Marinaden darf eine Prise nicht fehlen.
- *Kümmel* kommt fast jährlich wieder. Seine magenberuhigende Wirkung ist bekannt und viele Gerichte werden durch ihn bekömmlicher und appetitlicher.
- *Liebstöckel,* auch Maggikraut genannt, wird über einen Meter hoch und wächst hier mehrjährig. Man schneidet das Kraut zwei- oder dreimal im Sommer und trocknet es ohne die Blüten.
- Die frischen, jungen Blätter des ein- oder zweijährigen *Löffelkrauts* ergeben einen herzhaften Salat oder dienen als Beilage zu Kartoffeln und Karotten.
- *Majoran* wächst hier nur einjährig und wird geerntet, bevor die Blütenknospen erscheinen. Er dient als Wurstgewürz, paßt zu Wild und Geflügel sowie in Pilzgerichte.
- *Meerrettich* und manche andere Kräuter wachsen wie's Unkraut. Das Problem ist, sie wieder loszuwerden, wenn sie zu üppig werden.
- *Pimpernell* oder *Bibernelle* ist ausdauernd nach Märzsaat als Gewürz- und Salatpflanze, wenn die noch jungen Blätter geschnitten werden.
- *Tripmadam* und *Portulak* schmecken fein säuerlich und werden zu allen Speisen genommen, die aus Diätgründen salzarm gekocht werden müssen.
- Der heilkräftige *Salbei* ist als Strauch nur in rauhen Lagen nicht winterhart. Die frischen Blätter ergeben einen Tee oder werden zur Heilung von Wunden aufgelegt. Eins der sechs Aalgewürze (die anderen sind Pimpernell, Borretsch, Thymian, Salbei, Weinraute und Zitronenmelisse).
- Der Halbstrauch *Thymian* friert in harten Wintern ebenfalls schon mal zurück, wird dann im April oder Mai an Ort und Stelle ausgesät. Die Zweige müssen geschnitten sein, bevor die Blüten geöffnet sind.
- Die frischen oder getrockneten jungen Blätter der *Weinraute*

verfeinern sparsam dosiert Fleisch- und Käsegerichte, Soßen, Salate, Kräuterbutter. Als Brotaufstrich helfen die Blätter frisch gegen den Knoblauchgeruch der letzten Mahlzeit.

- *Zitronenmelisse* überdauert das Gartenjahr, sie schmeckt angenehm erfrischend und wird statt Essig oder Zitrone an Salate gegeben. Getrocknet ist sie im Winter ein wunderbares Getränk, wenn die noch nicht verholzten Triebe geerntet werden.

Löwenzahn in guter Zucht

- Schon der wilde Löwenzahn bringt als Salat mehr als dreimal soviel Vitamin C auf den Teller wie der normale Kopfsalat, dazu Karotin und viele lebenswichtige Mineralstoffe, Vitamin B_1 und B_2.
- Weniger Bitterstoffe enthalten die gebleichten Triebe des Zuchtlöwenzahns aus Frankreich, wie ›Vollherziger‹.
- Die Ernte im Frühjahr kann man verfrühen, indem man große Blumentöpfe oder Plastikgefäße über die Pflanzen stülpt.
- Die Wurzeln können im Winter wie Chicorée getrieben werden.

Guter Grund für besseren Boden

Die besten Tips zur Bodenpflege

Leitpflanzen sind so gut wie eine Bodenprobe

- Ackersenf, -stiefmütterchen und -winde, Gelbklee und Geruchlose Kamille sowie Huflattich zeigen einen kalkhaltigen Boden an, wenn sie zahlreich vorkommen und üppig entwikkelt sind.
- Kalkarmen Boden zeigt reichliches Auftreten von Ackerhundskamille, -knaul und -spörgel, Hasenklee, Saatwucherblume, Sandstiefmütterchen und -spitzwegerich.
- Starker Besatz von Huflattich zeigt hohen Mergelgehalt an.
- Kalkhaltige Sandböden erkennt man an Brombeeren und Gelbklee.
- Lehmigen Sand bevorzugen Ehrenpreis, Hederich und Knöterich, Kornblume und -rade sowie wilde Stiefmütterchen.
- Sandig und trocken sind Böden, auf denen Besenkraut, Grasnelke, Heidekraut, Hungerblümchen, Katzenklee und Königskerze wächst, dazu die Kräuter mit dem Vornamen Sand: Sandhafer, -lieschgras, -riedgras, -rohr, -schmiele und -wegerich.
- Feucht ist der Lehmboden dagegen unter einer Wiese von Hahnenfuß und Löwenzahn, wilder Möhre und weißer Wucherblume, dazu Wiesenkümmel.
- Der normale Lehm wird angezeigt von Feldhahnenfuß und -rittersporn, Hirtentäschel, Hunds- und richtiger Kamille, Knollenhahnenfuß und Klatschmohn sowie der gelben Wucherblume.
- Schwerer Ton liegt unter Hahnenfuß und Huflattich, Rispengras, Schmiele, Trespe.
- Wo Brennesseln prächtig gedeihen, kann man froh sein, hier ist ein fruchtbarer Boden.

Waldhumusboden kann gefährlich werden

- Selbst wenn der Besitzer die Erlaubnis gibt, in seinem Wald Humusboden abzugraben, heißt es vorsichtig sein; denn in Naturböden siedeln zahllose Drahtkäfer, Insekten und Pilze, die sich im Garten notgedrungen von Kulturpflanzen und Holz ernähren. Deshalb ist es besser, keimfreien Grob- oder Fasertorf zu verwenden.

Salzsäure sagt den Kalkgehalt an

- Man muß nicht eine Bodenprobe einschicken, um den Kalkgehalt des Bodens messen zu lassen. Einige Tropfen Salzsäure ausgeschüttet, zeigen mit Aufbrausen alkalische Werte an, und wenn's still bleibt, Kalkmangel.
- Lackmuspapier reagiert etwas feiner, wenn es in eine Bodenlösung gehalten wird.
- Am besten ist ein kleiner pH-Messer, an dessen Farbskala genau abgelesen werden kann, wie sich die Bodenbeschaffenheit zusammensetzt.

Bloß umgraben lockert nicht

- Nach wenigen Wochen hat sich der umgegrabene Boden wieder gesetzt, es tritt keine anhaltende Lockerung ein, vielmehr wird der Humusgehalt beschleunigt abgebaut und damit das Porenvolumen verringert.
- Wo die umbruchlose Mischkultur nicht mit oberflächlicher Lockerung auskommt, wird deshalb stets ein bodenverbesserndes, verrottbares Material untergegraben.

Kompost nicht mehr umsetzen

- Grundsätzlich gehört nichts in den Kompostsilo, was nicht verrottet, also Glas, Metall, Plastik, Knochen.
- Lumpen sind ungeeignet, weil sie zu lange brauchen.
- Aus hygienischen Gründen müssen alle Fäkalien ausgeschlossen werden, außerdem alle Pflanzenteile, die von Krankheiten und Schädlingen befallen sind, sofern sie sich im Boden vermehren oder überdauern.

- Winterkartoffeln, Wurzeln von der Treiberei und Blumenzwiebeln müssen zerkleinert werden, sonst bildet sich eine zahlreiche Brut kleiner Knollen.

Zwei Abfalleimer sind besser als einer

- Um die verrottbaren und anderen Abfälle gleich in der Küche auseinanderzuhalten, hat sich ein zweiter Mülleimer als vorteilhaft erwiesen.

Herbstlaub wird wertvoller Humus

- Unter Obstgehölzen und auf dem Rasen muß das Herbstlaub weggeharkt werden, damit es keine Schäden anrichtet.
- Im Komposter wird es keimfreier Humus, wenn man es in Schichten von jeweils 20 cm stapelt, gut anfeuchtet und auf jeden Quadratmeter 150 g Kalkstickstoff streut, darauf eine Lage Humintorf, das ergibt schon nach wenigen Wochen stallmistähnliche Humusformen.

Sperriges wird gehäckselt

- Dicht lagernde Abfälle wie Heckenschnitt und Rasenschnitt werden in dünnen Lagen von 5 bis 10 cm, Koniferengrün höchstens 3 cm, eingelegt. Dazwischen bringt man die sperrigen Abfälle unter.
- Was kürzer als 80 cm ist, braucht nicht zerhackt zu werden, Zweige nicht, wenn sie dünner als ein kleiner Finger sind. Man legt sie mit den Triebspitzen nach vorn.
- Sind Abfälle mehr sperrig als dick wie Erdbeerpflanzen, Tomaten- und Gurkenkraut, Heckenschnitt von Laubgehölzen und Grünschnitt von Obst- und Ziergehölzen, drückt man sie fest zusammen, aber ohne mit den Füßen einzustampfen.
- Geschnipseltes Kleinholz soll immer ausreichend lange kompostiert werden, ehe man es als Bodendecke unter Rosengewächsen ausbreitet. Es werden mindestens drei Jahre empfohlen.

Asche im Kompost

- Holzasche kann beträchtliche Nährstoffprozente mitbringen, je nach Art des Holzes bis 35 % Kalk. Hin und wieder ein Eimer voll, bindet bei der Rotte entstehende Säuren.
- Braun- und Steinkohlenasche ist alkalisch und enthält wertvolle Spurenelemente wie Mangan, Zink, Kupfer, Eisen.
- Der hohe Gipsanteil in der Braunkohlenasche verschmiert allerdings leicht, so daß nur jeweils eine dünne Lage über den Kompost gestreut werden darf.
- Ruß mit bis zu 70 % organischen Kohlenstoffen ist immer nützlich auf dem Kompost: Er färbt die Masse dunkler, so daß sie sich schneller erwärmt.
- Eine schwache Lösung von 0,1 % Kaliumpermanganat wirkt bei der Kompostierung von Braunkohlenasche auf die chemische Bindung des Schwefels und macht ihn pflanzenverfügbarer.
- Größere Mengen an sich wertvoller Holz- und Papierasche können mit ihrem hohen Kaligehalt den Rotteprozeß zum Erliegen bringen. Sie können unbedenklich unkompostiert im Freien ausgestreut werden.

Kompost aus Pappe und Papier

- Pappe und Papier liefern besseren Kompost als alle anderen Grundstoffe, da Zellulose die Hauptmasse aller pflanzlichen Zellwände stellt, das haben jahrzehntelange Versuche erwiesen. Das Produkt ist salzlos und von idealem pH-Wert zwischen 6,7 und 7,0.
- Besonders gut verrotten Servietten, Pergamentpapier und Packpapier von Lebensmitteln, Wellpappe und Zeitungspapier in dünnen Lagen, am schwersten die Kunstdruckpapiere von Illustrierten.
- Anfangs setzt man den organischen Abfällen nur 10 bis 20% Papier zu, später darf der Anteil bis 50 % gesteigert werden.
- Mehrere Lagen eingeweichte Papiere können kompakt kompostiert werden, es muß nicht jedes Blatt zerknüllt werden.

- Fällt reichlich Rasenschnitt an, werden die Papiere nicht vorgeweicht, damit sie saugfähig bleiben und die überflüssige Feuchtigkeit aufnehmen.
- Papier und Pappe sind kalireich (0,5 %), aber phosphatarm (0,1) und stickstofffrei. Deshalb sind je 10 kg Kompost 1 bis 1,5 kg Guano oder ein anderer Geflügeldünger aufzustreuen.

Altkompost ist Hefe für den neuen Kompost

- Einen schnellen Rottestart garantiert eine Schaufel vom alten Kompost, gleichmäßig lagenweise eingekrümelt, es muß gar nicht viel sein.
- Blut-, Horn- und Knochenmehldünger sind ebenfalls Aktivierungsmittel für die Kompostherstellung. Ihr Stickstoffgehalt liegt zwischen 10 und 14 %, sie wirken um so flotter, je feiner sie gemahlen sind.
- Torf wird zugesetzt, um die Struktur des Komposts zu verbessern, er saugt Nässe auf und lockert die feuchte Dichte wasserreicher Obst-, Gemüse- und Grasabfälle.

Regenwürmer verdoppeln den Ertrag

- Regenwürmer sind der wertvollste Kompostzusatz, weil sie frische organische Substanz ohne Rotte zu stabilen Krümeln verbauen, die nützlichen Bakterien auf das Fünffache vermehren und die Nährstoffgehalte noch viel mehr.
- Regenwurmparzellen mit einer Kotproduktion von 5 bis 8 kg auf einen Quadratmeter liefern den zweieinhalbfachen Ertrag von Vergleichsflächen.

Ein guter Wurm frißt alles

- Ausgenommen Metall und Plastik gibt es nicht viel, was der Regenwurm nicht frißt: besonders gern Küchen-, Gemüse-, Obstabfälle, Papiere, Wellpappe und Kaffeesatz, also praktisch den gesamten Inhalt des Kompostsilos.

- Auf der Speisekarte für Regenwürmer stehen weiter Geflügel- und Kleintiermist, Brennesseln, Schafgarbe, Löwenzahn, Torf, Laub, Heu, Nadeln von Koniferen, gewerbliche Abfälle, Erden, Aschen, sogar ein gewisses Maß an Umweltschmutz kann man ihnen zumuten.

Lockstoffe für den Regenwurm

- Um die Besiedelung mit Regenwürmern zu verdichten, verwendet man Baldrianblüten-Extrakt, Basalt-, Horn- und Blutmehl als Lockstoffe.

Mehr Regenwürmer züchten

- Es ist dringend abzuraten, was ernsthaft empfohlen worden ist, Regenwürmer in Stücke zu hacken, damit sich die Teile zu ganzen Würmern regenerieren.
- Zur Vermehrung von Regenwürmern genügt schon ein junger Zwei- oder Dreimonatskompost, der 50 cm hoch aufgesetzt, angefeuchtet und mit Klarsichtfolie abgedeckt wird.
- Legt man im Herbst 50 cm Stroh darüber, wimmelt es darin sogar im Winter von Regenwürmern und Brut.
- Kompostsilos mit Blechwänden sind hervorragende Aufzuchtbehälter, weil sie die Regenwürmer zugleich sicher vor Kröten, Maulwürfen und Vögeln schützen.

Wohin mit den vielen Würmern?

- Die gewonnenen Regenwürmer verteilt man mit dem herangereiften Kompost an einem regnerischen Tag oder gegen Abend auf dem Land, ohne gleich zu hacken, damit die verletzbaren Würmer Zeit haben, sich in Sicherheit zu bringen.
- Zuerst deckt man die Obstbaumscheiben damit dick ein, desgleichen die Beerenobstreihen, weil hier keine Bodenbearbeitung möglich ist und die Wurzeln sehr lufthungrig sind.

In Blumentöpfen keine Regenwürmer

- Blumentopferde sollte regenwurmfrei sein; deshalb stellt man die Töpfe eine Stunde in Wasser, so daß alle Würmer herausgekrochen kommen.

Geflügeldung erst vergären

- Gefahrlos kann Geflügeldung im Garten verwendet werden, wenn man ihn in einen Sack füllt und eine Woche an einer abgelegenen Gartenstelle vergären läßt.
- Auf diese Weise wird zugleich verhindert, daß sich Fliegenbrut im Garten ausbreitet.

Zigarren als Zimmerpflanzendünger

- Topfpflanzen reagieren ausgesprochen positiv auf eine Beimengung von Zigarrenstummeln in der Erde.
- In diesem Fall ist jedoch öfter als sonst zu gießen.

Knochen statt Tontopfscherben

- Deckt man die Abzugslöcher von Pflanzgefäßen nicht mit Tontopfscherben, sondern mit Knochenstücken ab, gehen Spuren von Phosphor und Kalk in den Boden über.

Nachts, wenn die Mollusken (Schnecken) kommen

Die besten Tips für naturnahen Pflanzenschutz

Igel und Erdkröten sind Schneckenfresser

- Molluskizide wirken zu langsam, deshalb ist es kurz und schmerzlos, wenn es gelingt, einen Igel im Garten zu halten.
- Erdkröten und Frösche zählen ebenfalls zu den besten Schneckenverzehrern. Man muß ihnen nur Unterschlupf und ausreichende Ernährung sichern.
- Lederlaufkäfer werden über vier Zentimeter lang und tragen wie Leder gerunzelte, schwarze Flügeldecken; sie leben an feuchten Plätzen und dort am liebsten von Schnecken.
- Eine kleine Wasserfläche, naturnah bewachsen, ist zur Laichablage und als Lebensraum für Libellen geradezu ideal. Sie sind geradezu gefräßige Insektenfresser und Nacktschneckenvertilger.
- In sonnigen Trockenmauern, Steingärten und Polsterstauden lebt die Blindschleiche, die gar keine Schlange, sondern eine Eidechse ohne Beine ist. Sie braucht neben solchem Unterschlupf nur wenig Futter und viele Nacktschnecken.
- Selbst alte Schneckenhäuser helfen; denn darin nisten die Puppen der Glühwürmchen, die nichts anderes als Schnecken anrühren (und im Sommer die Herzen, wenn sie an warmen Abenden um die Hecke schwärmen).
- Schnecken gegen Schnecken: Gießt man das Wasser, mit dem Schnecken getötet worden sind, einen Tag später an die gefährdeten Stellen, schreckt das Artgenossen nachhaltig ab.

Weihnachtsbaum für Singvögel

- Der abgeräumte Weihnachtsbaum ist ein Rückstandsproblem, das sich lösen läßt, indem man als neuen Schmuck Meisenringe-, knödel, -herzen und selbstgebackenes Fettfutter an die Zweige hängt.
- Da die Zweigquirle dicht untereinander stehen, können auch weniger geschickte Vögel als Meisen bequem heran.
- Zugleich sind die munteren Fresser recht gut vor Katzen und Kleinräubern geschützt, wenn der Baum frei aufgestellt wird.

Vögel mit der Flasche füttern

- Damit der Futterplatz für Standvögel im Garten pausenlos beschickt wird, wenn man unterwegs ist, wird eine Zwei-Liter-Korbflasche spanischen Rotweins leergetrunken.
- Drei Drähte sind am Korb und diese an einem Blechdeckel von etwa 8 cm Durchmesser so befestigt, daß der Deckel waagerecht etwa anderthalb Zentimeter vom Flaschenhals entfernt hängt, wenn die Flasche mit einem Draht umgekehrt am Korbboden in einen Baum gehängt wird.
- Den Blechboden durchlöchert man mehrmals mit einem Nagel, damit das Regenwasser ablaufen kann.
- Die Flasche wird mit Körnerfutter gefüllt und so aufgehängt, daß herunterfallendes Futter von größeren Vögeln aufgenommen werden kann, ohne daß sie dabei von Katzen gefährdet sind.

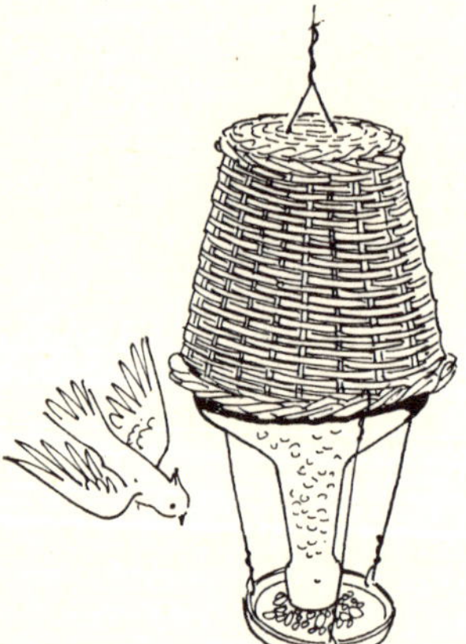

Nicht alle Mäuse sind schädlich

- Die einheimischen Feld- und Wald-, Wasser-, Haus- und Zwergspitzmäuse sind keine Nagetiere, sondern Insektenfresser, die selber Mäuse fangen, außerdem Würmer, Insekten und Schnecken.

- Sie sind erkennbar an langen Nasen und dichtem Fell, oben einheitlich braun oder schwarz, unterseits heller.
- Man sollte diese nützlichen Tiere zumindest nicht verfolgen, wo sie auftauchen, etwa in Vogelnistkästen, die deshalb hängen bleiben sollten.

Siebenschläfer werden nachts munter

- Die Schlafmäuse oder Bilche der Arten Baum- und Gartenschläfer, Haselmaus und Siebenschläfer sind nicht nur schutzwürdig, weil selten, sondern ebenfalls Insektenfänger, außerdem jagen sie kleine Wirbeltiere.
- Wegen des geringen Schadens an Obst und Samen sollte man die Nester auf keinen Fall abnehmen und ihren Winterschlaf, der länger als ein halbes Jahr dauert, sorgsam behüten, indem ein Schutz vor Raubzeug und Katzen angelegt wird.

Keine Vorwürfe gegen Maulwürfe

- Seit dem 25. 8. 1980 zählt der Maulwurf zu den geschützten wildlebenden Tieren und darf deshalb nur vertrieben, nicht getötet werden.
- Der Maulwurf ist kein Pflanzenfresser, er schadet jedoch durch seine Wühlarbeit im Rasen oder zwischen Polsterstauden.
- Gefundenes Fressen sind für ihn Drahtwürmer, Engerlinge, andere Insektenlarven, Erdraupen, Wiesenwürmer, selbst junge Mäuse und Schnecken.

Kartoffeln ziehen Drahtwürmer an

- Die Larven der Schnellkäfer (Drahtwürmer) lassen sich von rohen Kartoffeln anlocken und beseitigen.
- Die harten, gelblichen Larven verziehen sich nach einer reichlichen Kalk- oder Superphosphatgabe.

Goldschmied schlägt Tausendfüßler

- Der Goldlaufkäfer (Carabus auratus), der auch Goldschmied und -henne genannt wird. fast drei Zentimeter lang und wunderschön goldgrün gefärbt, ernährt sich von Insektenlarven, Würmern und Schnecken bis zur mehrfachen seiner eigenen Größe.

Gartenlaufkäfer hinter Schädlingen her

- Von den rund 600 Laufkäferarten, die in Europa vorkommen, wird einer nachts in den Gärten aktiv auf der Jagd nach Insekten, Würmern und Schnecken. Er ist zu erkennen an den goldigen Grübchen längs den schwarzen, seidig glänzenden Flügeldecken.

Florfliegen gegen Blattläuse

- Wegen ihrer großen goldgrünen Augen heißen die Florfliegen oft Perlaugen. Mit ihren riesengroßen, durchsichtigen Flügeln fliegen sie von ihrem Winterquartier auf dem Boden unserer Häuser in die Nähe von Blattlauskolonien, damit ihre Larven sich davon ernähren.

Schwebfliegen als Blattlauslöwen

- Die mit 4500 Arten überaus zahlreiche Familie der Schwebfliegen bringt unter anderem Blattlauslöwen hervor, die nichts als diese vertilgen.
- Andere wie die Hummelschwebfliegen fallen in Wespennester ein und fressen auf, was ihnen in den Weg kommt.

Zum Glück gibt es Marienkäfer

- Glücks- oder Herrgottskäfer überwintern als Insekten ebenfalls im Hause und fressen nicht, wie oft geschrieben steht, nur

Blattläuse, sondern ebenso Schildläuse und andere kleine Insekten.

- Sie sind sogar gegen Schildläuse schon gezielt zur biologischen Schädlingsbekämpfung eingesetzt worden.

Schlupfwespen suchen lebende Wiegen

- Allein in Mitteleuropa leben 3000 Arten von Schlupfwespen, die ihre Eier in lebende Raupen und Larven ablegen, in oder an denen sie heranwachsen, wobei der Wirt getötet wird.

Der thüringische Bazillus gegen 150 Raupenarten

- Über 150 Raupenarten werden vom Bacillus thuringiensis befallen, der deshalb in Form von Sporen ausgebreitet wird, die in Gärtanks produziert und zu einem Spritzpulver verarbeitet werden.
- 30 Milliarden Sporen sind in einem Gramm des aus Bacillus thuringiensis gewonnenen biologischen Präparats enthalten.

Knoblauch wissenschaftlich untersucht

- Im Labor und Gewächshaus der Universität Gießen ist endlich der Nachweis gelungen, daß Knoblauch-Extrakt die Fortpflanzung der Grünen Pfirsichlaus merklich einschränkt.
- Extrakt stellt man her, indem 500 g Knoblauchzehen in 1 l kochendes Wasser geschüttet werden und der abgekühlte Sud durchgeseiht wird.
- Erdbeermilben verziehen sich, wenn man diese Brühe ab Anfang Mai zweimal über die Reihen und den Boden dazwischen spritzt.
- Knoblauch soll auf diese Weise gegen Knospenfraß und Wühlmausbefall wirken.
- Die Kräuselkrankheit soll sogar schon verschwinden, wenn man Knoblauch nur drumherum pflanzt.
- Dasselbe wird empfohlen, wo Bakterien- und Pilzkrankheiten

auftreten, ebenso im Ziergarten, wo die Knoblauchpflanzen zwischen den anderen kaum auffallen.

Brennesseln als biologischer Dünger

- Vergorene Brennesseln helfen als biologischer Blatt- und Flüssigdünger in einer Menge von 100 g auf 1 l Wasser. Zwei Wochen lang morgens und abends kräftig umgerührt, wirkt er als Pflanzenschutzmittel gegen Blattläuse und Pilzbefall.
- Um Pflanzen zu stärken, setzt man 25 g in 1 l Wasser an und kocht einen Tee daraus.
- Brennesseljauche muß stark im Verhältnis 1 : 20 verdünnt werden, wenn sie als Spritzbrühe an oberirdischen Pflanzenteilen eingesetzt werden soll.
- Zur Besserung des Bodens darf die Konzentration auf 1 : 10 erhöht werden.
- Bleichsucht verschwindet ohne weitere Maßnahmen, wenn mit Brennessellösung einmal in der Woche gegossen wird.
- Setzt man dem Brennesselsud einen Kubikzentimeter Baldrianblütenextrakt auf einen Liter zu, vermindert das erheblich die auftretenden Gerüche und
- fördert Bodenleben wie Blütenbildung, dreimal im Abstand von einer Woche mit der Gießkanne verteilt.
- Für einen Quadratmeter braucht man jeweils nicht ganz einen Liter Brennesselbrühe.
- Es gibt bereits Brennesselpulver zu kaufen, das vergoren und verdünnt wird.

Schachtelhalm gegen Pilzkrankheiten

- Unstreitig ist die Wirkung des Ackerschachtelhalms auf Pilzkrankheiten infolge des hohen Kieselsäuregehalts.
- Das frische Kraut wird eingeweicht und vergoren oder das trockene mit 100 g auf 1 l Wasser kalt angesetzt und eine halbe Stunde auf kleinster Stufe gekocht.

- Von diesem Schachtelhalmtee wird eine Verdünnung von 1 : 5 hergestellt, bevor gegossen wird.
- Es genügt auch, 15 g frische oder getrocknete Halme in 1 l Wasser einzuweichen. Damit kann schon vorbeugend gegossen werden.
- Schachtelhalmpulver wird mit 200 g auf 1 l Wasser eine Stunde leicht gekocht und 1 : 10 verdünnt, wenn nur vorbeugend gespritzt werden soll.
- Die Konzentration setzt man auf 1 : 5 herauf, wenn befallene Pflanzen gespritzt werden müssen.
- Gegen Blattläuse setzt man 20 g in 1 l Wasser auf und kocht das getrocknete Kraut durch, bevor es abgesiebt und 1 : 3 verdünnt wird.

Heilpflanzen gegen Schädlinge

- Gegen tierische wie pflanzliche Schädlinge hilft ein Auszug von 300 g *Rainfarn* auf 1 l Wasser, als Jauche, Brühe oder Tee 1 : 2 verdünnt (es ist übrigens kein Farn, sondern Chrysanthemum vulgare, dessen getrocknete Blütenköpfe verwendet werden).
- Ein richtiger Farn ist der *Wurmfarn,* von dem 500 g getrocknet ausgelaugt und 1 : 10 verdünnt gegen Blut-, Schild- und Schmierläuse eingesetzt werden.
- Blattläuse, Rost und Milben vertreibt eine Lösung aus 100 g *Wermut* in 1 l Wasser, 1 : 3 verdünnt.
- Gegen Pilzkrankheiten läßt man *Zwiebelschalen* ziehen und spritzt damit alle vier Wochen den Sommer über.
- Viermal in zwei Wochen überbrüht man *Zwiebelschalen,* 20 g mit einem Liter Wasser, und spritzt die Brühe gegen Spinnmilben
- Blattläuse weichen dem scharfen Tee ebenfalls aus, wenn man schon bei Befallsbeginn öfter damit spritzt und den Boden benetzt.
- *Pfefferminze* stört Erdflöhe und Ameisen.

- *Kamillentee* macht Saatgut keimfrei, das darin gebadet wird.
- *Kapuzinerkresse, Dill* und *Hanf* schmecken dem Kohlweißling nicht.
- Kartoffelkäfer fliehen vor *Meerrettich* und *Flachs*.
- Das Wasser aufgebrühter *Meerrettichblätter* wird alle zwei bis vier Wochen im Wechsel mit *Schachtelhalmsud* auf alle Bäume gespritzt, die unter Monilia zu leiden haben.
- Mücken und Fliegen meiden den Duft von *Basilikum*.

Tabak schadet Schädlingen

- Nikotin war eins der ersten und wichtigsten Schädlingsbekämpfungsmittel gegen Blattläuse, Blasenfüße, Schildläuse, Blattwanzen, Wurzelläuse und -milben, die damit eingeräuchert, bestäubt oder begast wurden.
- Raucher streuen Tabakasche dick auf Blattlauskolonien.

Pyrethrum, das schärfste pflanzliche Insektengift

- Aus Chrysanthemenarten gewonnenes Pyrethrum ist nach dem Nikotin das schärfste pflanzliche Insektengift und doch für Mensch und Tier nicht schädlicher als Badeschaum.
- Da die Wirkstoffe in Licht, Luft und Wärme schnell in absolut harmlose Bestandteile zerlegt werden, muß damit öfter gespritzt und gestäubt werden, bis der Befall beseitigt ist.

Bittereschen schmecken nicht

- Aus dem bitteren Holz des Amerikanischen Quassiaholzbaums wird ein Pulver hergestellt, das auf allerlei Insekten wirkt, wenn man 125 g in 1 l Wasser kocht und den Sud in 10 l Wasser spritzt.
- Die Wirkung steigert ein Zusatz von 250 g Schmierseife. So wurde es vor Hunderten von Jahren im Haus gegen Fliegen verwendet, weil es völlig gefahrlos für alle Warmblüter und

den Menschen ist. Im Garten nimmt man es noch beispielsweise gegen Blattläuse und Sägewespen.

Schmierseife gegen Blattläuse

- Pflanzenschutzseife, wie sie im Weinbau benutzt wird, hilft im Garten gegen zahlreiche Schädlinge.
- In einer Lösung von 7,5 g auf 1 l Wasser sind Blattläuse sauber abgewaschen.
- Weit mehr brauchen Raupen: 50 g und 50 cm^3 Spiritus.
- Für Spinnmilben und Schildläuse fügt man statt dessen vier Eßlöffel Petroleum hinzu und verdünnt das ganze in 20 l Wasser.

Dachpappe macht Gartenwege unkrautfrei

- Eine Lage alter Dachpappe unter dem Kiesbelag läßt das Unkraut nicht durchkommen.
- Dieselbe Wirkung erzielt eine Zwischenlage von 3 bis 5 cm Gerberlohe unter dem Kies.
- Gießt man bei trockenem Wetter mit Salzwasser, verhindert das Unkrautwuchs. Allerdings muß man damit weit genug von den Wegrändern wegbleiben.

Moos im Steingarten

- Stehen andere Pflanzen zu nahe, als daß mit normalen Mitteln das Moos bekämpft werden könnte, hilft man sich mit einer fingerdicken Lage scharfen Sandes.

Lichtscheue Blattläuse

- In Versuchen hat sich herausgestellt, daß geflügelte Blattläuse Kulturen vermeiden, die mit reflektierender Alufolie ausgelegt worden sind, weil sie das Licht blendet.

Die Ernte ist so gut wie der Keller

Die besten Tips für Obst- und Gemüselagerung

Keller keimfrei machen

- Lagerräume für Erntegut sind vor dem Einbringen in allen Teilen, von der Decke bis zum Fußboden, einschließlich aller Kisten, Regale, Hölzer und Steine mit einem Desinfektionsmittel abzuwaschen, die Wände am besten frisch zu kalken.
- Sind die Obstkisten nicht sauber genug, werden sie vorher mit warmem, vierprozentigem Sodawasser mit Schmierseifenzusatz abgebürstet, gründlich gespült und an der Luft getrocknet.

Keller ausschwefeln

- Vor der Obstlagerung wird der Keller ausgeschwefelt, und zwar mit 5 bis 10 g Schwefelblumen für 1 m^3 Lagerraum, die in eine handhohe Sandschicht gesetzt und entzündet werden. Die Schwefeldämpfe sollen 24 Stunden einwirken, danach muß gründlich gelüftet werden.
- Sehr wirksam sind 10 g Kaliumpermanganat in 20 cm^3 Formalin pro Kubikmeter Rauminhalt. Das Gefäß wird mit einem nassen Sack zugedeckt und der Raum sofort dicht verschlossen. Drei bis vier Tage sollen die Dämpfe einwirken, ehe man gründlich lüftet.
- Vor jeder Begasung wird der Raum ritzendicht gemacht, außerdem sind alle Metallteile zu entfernen, da sie von schwefliger Säure angegriffen werden.
- Alle elektrischen Anschlüsse, Instrumente und nicht herausnehmbare Metallteile werden unter einer Plastikfolie geschützt.

Heizungskeller sind zu trocken

- Damit die Luftfeuchtigkeit in Neubaukellern gleichmäßig hoch bleibt, legt man den Fußboden mit Ziegelsteinen aus, die von Zeit zu Zeit nach Bedarf mit der Gießkanne angefeuchtet werden.
- Frei im Raum gestapelte Obstkisten kann man unter einer Fo-

lie luftfeucht halten, wenn soviel gelüftet wird, daß sich Reifegase und Krankheitserreger nicht massiv ansammeln.

- Damit der Luftaustausch durch die angebrachten Fliegendrahtfenster ausreicht, empfiehlt sich ein Ventilator, der die verbrauchte Luft absaugt.

Ist der Keller zu naß

- Eine Schale Chlorkalium zieht den Wasserdampf aus der Luft, bis sich regelrecht Wasser darauf absetzt.
- Die wasseranziehende Wirkung stellt sich wieder ein, wenn das Chlorkalium erhitzt wird.
- Ebenso hilft ein flaches Gefäß, das mit Katzenstreu gefüllt ist.
- Eine flache Schale, gefüllt mit Salz, zieht so energisch Feuchtigkeit aus der Luft, daß es zwei- oder dreimal in der Woche erneuert, aber später wieder verwendet werden kann, nachdem es getrocknet wurde.

Schwitzen die Wände

- Schwitzende Kellerwände werden gründlich abgewaschen und mit einem Heizgerät getrocknet.
- Danach wird eine Mischung aus 9 Teilen Ziegelsteinpulver mit 1 Teil Blei-II-Oxyd, die mit Leinöl streichfähig gemacht wird, gestrichen.
- Schimmel kann von Kellerwänden abgefegt werden, nachdem man in eine Schale mit Salz konzentrierte Schwefelsäure gießt und den Raum zwölf Stunden dicht verschlossen hält.
- Schimmel kann sich an Kellerwänden gar nicht erst bilden, wenn die trockenen Wände mit einer einprozentigen Lösung von Antonin abgewaschen werden.

Kellerasseln im Keller

- Kellerasseln sind leicht zu fangen, indem man Kartoffeln oder Möhren halbiert und leicht aushöhlt, mit der aufgeschnittenen

Seite nach unten auslegt und täglich die darunter versammelten Krebstiere vernichtet.

- Besonders anziehend sind Blumentöpfe, die mit Stroh ausgestopft sind, das mit einer zehnprozentigen Lösung aus Traubenzucker getränkt wurde.
- Einige gekochte Kartoffeln in einem Blumentopf deckt man mit etwas Rasenschnitt ab und stellt diese etwas schräg umgekehrt auf den Kellerboden. Die Asseln sammeln sich darin.

Obst und Gemüse trennen

- Wenn es zu vermeiden ist, sollte man grundsätzlich nie Obst und Gemüse im gleichen Kellerraum lagern, weil sich die Gerüche übertragen.
- Einzige Abhilfe ist die Lagerung in reinem, schwach zersetztem Hochmoortorf.

Gefrorenes Obst

- Obst übersteht eine kalte Nacht bis zu sieben Grad Frost, wenn es anschließend in kaltem Wasser aufgetaut und dann kühl gelagert wird.

Allerlei Wasserspiele

Die besten Tips für Wasser im Garten

Das selbstgebaute Wasserbecken

- Die sanft gerundete Mulde für das Wasserbecken muß frei von spitzen Steinen und Wurzelresten sein, bevor die Plastikplane ausgelegt wird.
- Müssen Bahnen geklebt werden, nur den passenden Kleber verwenden, kein Körnchen Staub darf dazwischenliegen. Besser ist also, nicht größer zu bauen als die Folie in einem Stück zu kriegen ist.
- Wasserliebende Riedgräser, Schilf, Rispen und andere, dazu der Sumpfschachtelhalm brechen sogar eine teergedeckte Straße auf; deshalb
- muß die Beckenmulde mit einer 10 cm dicken Schicht Magerbeton im Verhältnis 1 : 6 abgesichert werden; sie würden durch den dicksten Kunststoff wachsen wie ein warmes Messer durch die Butter.
- Der Folienrand muß so weit überstehen, daß er in einem handbreiten Graben in den Boden eingegraben werden kann, um Löcher zu vermeiden.
- Falten im Folienbelag schaden dagegen nicht, weil sie vom Wasserdruck ausgebügelt werden.

Abfluß ist überflüssig

- Die Klebung um den Abfluß ist selten auf die Dauer dichtzuhalten, so daß man besser darauf verzichtet.
- Mit dem Gartenschlauch wird Wasser eingefüllt und, falls überhaupt nötig, wieder ausgeleert.
- Das geschieht, indem man den Schlauch mit Wasser füllt, an beiden Enden zuhält und das außerhalb liegende Stück tiefer legt als das im Becken.
- Wird das richtig gemacht, zieht das Gewicht des Wassers im Schlauch unterhalb des Ansaugpunktes das gesamte Becken leer.
- Am Ausflußpunkt gräbt man ein Loch – zwei, drei Spatenstiche tief –, in dem das Wasser versickern kann.

Das Wasserbecken im Winter

- Im Winter muß das ebenerdige Folienbecken nicht ausgeleert werden; denn das Erdreich ringsherum gefriert ebenso tief und stellt einen Gegendruck her.
- Das gilt auch bei Becken mit senkrechten Wänden, soweit sie nicht über die Erde herausragen und aus anderen Gründen geräumt werden müssen.
- Sollen Fische und Pflanzen draußen überwintern, ist das Wasser sogar als Schutz unentbehrlich.
- Ein Pfahl im Eise mildert etwa auftretende Spannungen.

Sauerstoff unter der Eisdecke

- Wassertiere atmen im Winterschlaf, allerdings sehr langsam.
- Deshalb ist stets ein Loch in der Eisdecke aufgebrochen zu halten, durch das Luft ans Wasser kommt.
- Ein Büschel Stroh oder Schilf kann man so einfrieren lassen, daß es sich leicht herausziehen läßt und die Öffnung offen hält.
- Sicherer ist eine Niederstrom-Heizmatte mit Thermostat, die eine kleine Fläche eisfrei hält; es sind ja meist nur kurze Frostperioden durchzustehen.

Seerosen gar nicht auspflanzen

- Die nicht winterharten Arten der Seerosen werden aus ihren Körben nicht ausgepflanzt, sondern nur so tief abgesenkt, wie es ihrer Art entspricht.
- Den Winter verbringen sie feucht, aber nicht unter Wasser in einem kühlen, frostfreien Kellerraum.
- Kleinblütige Seerosen brauchen bis zur Oberkante des Pflanzkorbs nicht mehr als 20 cm Pegelstand.
- Als Minibecken für diese Seerosen kann man ein Faß halbieren und eingraben, ebenso eine alte Bottich-Waschmaschine oder eine kleine Badewanne.

Rohrkolben wuchern leicht

- Pflanzen im und am Wasser neigen dazu, wild zu wuchern, so der Rohrkolben Typha angustifolia, der in dichten, abgeschlossenen Beständen wächst. Er gehört in feste Pflanzgefäße.
- Für kleinere Gartenbecken eignet sich eher die Art T. minima, auch der schmalblättrige Rohrkolben wächst in lockerer Weise.
- Um den Uferrand zu befestigen, setzt man Glanzgras oder Schilfrohr (Phragmites) ein.
- Am besten pflanzt man auf Kokosmatten, die wie Fertigrasen ausgelegt werden.
- So robust diese Arten am Standort sind, längeres Lagern vertragen sie nicht; es muß also immer sofort gepflanzt werden.

Wasser in schöner Schale

- Wasserpflanzen (winterharte Arten von Acorus bis Sagittaria sagittifolia) in Aquarien, Steintrögen und Kübeln gibt es seit längerem. Neu sind formschöne Flachschalen, die auf dem Balkon, der Terrasse und am Hauseingang aufgestellt werden können.

Mückenfressende Wasserpflanzen

- Der Gemeine Wasserschlauch Utricularia vulgaris ist eine reine Unterwasserpflanze und ernährt sich von kleinen Wassertieren, vor allem den lästigen Stechmückenlarven, sollte also in keinem Gartenteich fehlen.

Ein echter Genuß: die Wassernuß

- Nützlich und schön sind die einjährigen Blattrosetten auf der Wasseroberfläche, obwohl die Blüten der Wassernuß Trapa natans unscheinbar sind, dafür sind ihre Nüsse ausgesprochen wohlschmeckend.

- Außerdem hemmt die Wassernuß die Algenbildung im Freilandbecken, vorausgesetzt das Wasser ist nicht zu hart (kalkhaltig).
- Bleiben die Früchte aus, bleibt nichts anderes übrig, als für das nächste Jahr neue Pflanzen zu bestellen.

Der Traum vom Swimming-pool

- Nicht besonders sinnvoll ist ein Freibad im Garten, es sei denn, man begnügte sich mit einem ebenerdigen Rundbecken aus starker Folie, das aber immer ein Fremdkörper im Garten sein wird und in unseren Breiten leider nur selten benutzt werden kann.
- Leichtbaubecken dieser Art werden nach der kurzen Badesaison platzsparend im Keller verstaut, und das ist jedenfalls immer noch besser als ein leerstehendes Betonloch, und mag es noch so hübsch gekachelt sein.

Besser ist gut geduscht

- Eine kühle Erfrischung bietet die kalte Dusche im Garten, mit Kunststoffrohren selbst verlegt und an den Gartenschlauch angeschlossen.
- Einzige Bedingung ist ein Lattenrost, damit man nicht im Matsch steht.
- Unter dem Rost legt man eine Sickergrube an, falls keine andere Entsorgung gegeben ist.

Wasserspiele sind beliebt

- Kleinplastiken als Beckenrandfiguren, die einen Strahl ins Wasser laufen lassen wie das Männeken in Brüssel, brauchen nur ein kleines Pumpaggregat von 90 Watt.
- Die Stromversorgung im Garten geht immer durch wasserdichte Schutzkabel gefahrlos und wetterfest.

- Nur gegen mechanische Verletzungen mit Spaten oder Hacke müssen Tonröhren oder Kabelformsteine einen zusätzlichen Schutz geben, wo die Leitungen an die Oberfläche kommen.
- Die Wasserverluste sind so gering, daß allein dadurch der minimale Stromverbrauch herauskommt.

Das Wasser reinhalten

- Ebenso wie die Springbrunnen müssen alle anderen Wasserspiele saubergehalten werden.
- Hat der Wind eine Staubkruste auf den Wasserspiegel gelegt, zieht man diese von der Oberfläche, ohne im Wasser zu rühren.
- Neu ist die Kombination von Filter und Springbrunnen für Gartenzierteiche bis 2,50 m Durchmesser, die Laub, Gräser und andere Verunreinigungen herausfischen, die andernfalls den Sauerstoffgehalt des Wassers herabsetzen und unter Umständen mit Geruch belästigen.

Trocken vertragen sie Frost

- Im Herbst entleert man alle wasserführenden Leitungen im Freien und holt die Pumpe herein.
- Sind die Figuren trocken, vertragen sie jeden Frost.
- Alle offenen Leitungen und das Mundstück werden mit Korken verschlossen.

Das Vogelfloß

- Da Vögel einen flachen Wasserstand brauchen, um trinken und baden zu können, wird ein Vogelfloß aus einem Holzrahmen gebaut, an den eine durchhängende Dachpappe genagelt ist, so daß Wasser darin steht.
- Damit es nicht an den unübersichtlichen Rand treibt, bindet man es an einem Stein auf dem Grund fest.

Ein Brunnen für die Vögel

- Ist das Vogelbrünnchen die einzige Wasserfläche im Garten, kann man aus Glassteinen oder Betonformteilen, selbst mit einem flach abgeschnittenen Autoreifen, hübsche Wirkungen erzielen.
- Besser ist natürlich ein aus Ton, Zement oder Plastik der Umgebung naturnah angepaßtes Kleinstgewässer.
- In jedem Fall legt man eine Gruppe von Steinen als Anflug hinein und bepflanzt den Umkreis flach mit Uferrand- oder Sumpfgewächsen.

Wir müssen Wasser sparen

- Unter der Erde verlegte Träufelschläuche wässern sparsamer als Sprenger, die auf dem Wege durch die Luft und auf der Oberfläche zu viel Wasser verdunsten lassen, ehe es bis an die Wurzeln gekommen ist.
- Zweitens wird die Oberfläche nicht verschlämmt, sondern bleibt locker, so daß die Verdunstung weiter herabgesetzt bleibt.

Lieber hacken als sprengen

- Hat es stark geregnet und der unbedeckte Boden ist verkrustet, muß sofort anschließend gehackt werden, um die feinen Haarröhrchen zu unterbrechen, die das Wasser förmlich aus dem Boden heraussaugen.

Nicht so viel verdunsten lassen

- Der beste Verdunstungsschutz ist eine natürliche oder Foliendeckbodendecke, die geschlitzt sein muß, damit das Niederschlagswasser durchlaufen kann.

Wie der Herr, so das G'scherr

Die besten Tips für Geräte und anderen Gartenbedarf

Der Spaten bleibt blank

- Der fleißige Gärtner hat immer einen blanken Spaten, lautet eine Gärtnerregel. Das gilt nur, wenn er seinen Spaten nach jedem Gebrauch abgewaschen, trockengerieben und mit dem Fettlappen poliert hat.
- Die Arbeit erleichtert der Normspaten von 2 kg Gewicht mit 82-cm-Eschenstiel und T-Griff in der Dülle, die mit dem Spatenblatt in einem Stück geschmiedet ist.
- Der ideale Spaten für Damen und Junioren sollte nicht nur leichter, sondern mit dem Stielende nur bis zur Hüfte reichen.
- Spaten, Grabegabel, Hacke und andere scharfe Geräte werden nie mit ihrer Schneide auf den blanken Beton gestellt, weil sie dort abstumpfen, sondern immer auf ein Holzbrett.
- Alle Holzstiele und -teile werden mit Firnis vor der Verwitterung geschützt.

Besser ist die Grabegabel

- Wenn nicht gerade abgestochen werden muß, ist die Grabegabel im Garten so gut wie immer das empfehlenswerte Gerät, weil die Wurzeln geschont werden.
- Ihre vier Zinken müssen so massiv geschmiedet sein, daß sie sich nicht biegen, wenn sie Steine, Wurzeln und ganze Ballen beim Verpflanzen aus der Erde holen.

Was alles eine Harke ist

- Von Handrechen mit 12 cm Arbeitsbreite bis Rasenkämmen von 1 m Zahnlänge an 2 m langem Stiel hat sich ein Sortiment entwickelt, das nicht mehr ausgeweitet werden kann, denkt man. Irrtum:
- Das Neueste sind abgebogene Messerzinken und ein Rädchen an einer Stelle zum leichteren Zurückschieben.
- Messerharken, die verfilzte Rasenflächen aufschneiden (vertikutieren) sollen, sind beweglich geworden, damit diese

Schwerarbeit etwas leichter wird. Stoßen die spitzen, scharfen Zinken auf einen Widerstand, pendeln sie locker zurück.

- Rechen sowie die meisten anderen Handgeräte zur Bodenbearbeitung, sind heute an leicht auswechselbare Stiele geschraubt.
- Die meisten Krümler, Grubber, Fräsen und was sich alles aus dem Harkenstamm entwickelt hat, sind zugleich verstellbar.

Von Gänsefüßchenscharen zum Kleinjätegrubber

- Je weniger vernünftigerweise im Garten umgegraben wird, um so wichtiger wurden die Bodenlockerer in der abwechslungsreichsten Gestalt.
- Kultivatoren mit Gänsefüßchenscharen oder pflugscharähnlichen Spitzen, einzeln und zu mehreren in verschiedenen Spurbreiten, reißen selbst schwerste Böden nach einer entsprechenden Vorkultur auf.
- Spitze Zinken des Grubbers lockern wurzelschonend steinreiche Böden, während
- Krümler mit Lanzenzinken leicht durch mittelschwere Böden gehen.
- Für jeden Zweck gibt es Hand-, Klein- und Kleinjätegrubber, Krallen und Kleinkremmer, Hacken und Häckchen, einfach und doppelseitig, mit breitem oder spitzem Blatt, zwei oder drei Zinken.
- Das Neueste sind hier rundlaufende Krümler, eine Art Fräse mit Zahnradansätzen, die das Gehackte nebenbei zerkrümeln.

Das beste Gerät ist die Hand

- Mit einem solchen Aufgebot an Bodenbearbeitern sollte die Pflanzstelle so gelockert sein, daß man keins der zahlreichen Pflanzgeräte braucht; denn keins arbeitet so gut wie die bloße Hand.

Mit dem Pflanzholz

- Mit dem spitzen Pflanzholz wird seitlich neben dem Pflanzloch eingestochen und gegen den Setzling gedrückt, bis er vollen Bodenschluß hat.
- Richtig gepflanzt ist, wenn man beim Versuch, die Pflanze herauszuziehen, eher ein Blatt abreißt als die Jungpflanze aus der Erde holt.

Mit Motor geht alles besser

- Motorgeräte erleichtern die Gartenarbeit nur dann wirklich, wenn sie passend ausgewählt werden, vor allem nie zu groß, schwer und laut.
- Großgeräte für einmalige Benutzung im Jahr sollte man lieber leihen.
- Wenn es die Größe erlaubt, sollte man Akkugeräte vorziehen, da die Leitungen zum Netzanschluß schwer, teuer und ein Sicherheitsrisiko sind.
- Festinstallierte Außensteckdosen, verborgen in regensicherer Pilzform, kürzen den riskanten Leitungsspaghetti im hohen Gras oder dichtem Heckengrün ab.
- Unnötig sind im normalen Garten Geräte wie die Kompostzerhacker, da man Zweige bis Fingerstärke und Komposterlänge ohne weiteres von hinten nach vorn einlegen kann, so daß sie beim Umsetzen mit der Schlaghacke heruntergezogen werden.

Wartung vor dem Winter

- Zur Gartenpflege, vor allem bei Akku-Rasenscheren und -mähern, gibt es ein vorbeugendes Pflegespray, um Rost und Reparaturen zu vermeiden.
- Deshalb muß nach dem letzten Rasenschnitt der Tank ausgeleert werden.
- Dazu schraubt man die Zündkerze heraus, gießt durch das

Loch ein Konservierungsöl in den Kolbenraum und dreht den Starter einige Male durch.

- Viertakt-Motoren brauchen statt dessen nur einen Ölwechsel.
- Vor jeder Reparatur am Mäher oder an den Schneidarmen der Heckenschere wird entweder der Stecker herausgezogen oder die Zündkerze ausgeschraubt; denn schon eine Teilumdrehung kann den Motor anwerfen.
- Die Messerschrauben sind dick einzufetten, weil sie als erste festrosten.
- Damit sich während des Winters kein Schwitzwasser unter der Haube bildet, werden Motorgeräte in einem Raum aufbewahrt, der stets gleichmäßig warm und trocken ist, etwa im Heizungskeller.

Dauernde Feuchtigkeit schadet

- Nicht nur Holz, auch Gummi leidet unter ständiger Feuchtigkeit; deshalb werden Schläuche vollständig ausgeleert, bevor sie ohne Knicks locker über einen Schlauchhalter gelegt werden.
- Gartenkarren werden so aufgestellt, daß ihre gummibereiften Räder entlastet sind.
- Gießkannen hängt man umgekehrt auf, daß in ihnen kein Wasser stehenbleibt.
- Geräte mit Holzstielen werden ebenso aufgehängt, damit sich in den Düllen nicht Feuchtigkeit ansammelt.
- Lockern sich daraufhin die Stiele, steckt man sie ins Wasser, bis das Holz wieder gequollen ist.
- Die neuen Plastikschläuche und Armaturen sind korrosionsfest, die Flachschläuche dazu enorm gewichtsparend.

Gartenscheren vielseitig

- Schneidegeräte für Gartenpflanzen sollten nicht zum Spaß, sondern nur dann angesetzt werden, wenn es einen zwingenden Grund dafür gibt.

- Allzweckscheren mit kraftsparender Übersetzung und teflonbeschichteten, auswechselbaren Schneidbacken für Einhandbedienung der Griffsperre (mit dem Daumen zu bedienen) trennen Äste bis Daumenstärke.
- Rosenscheren mit Greifautomatik halten abgeschnittene Blüten fest, das ist nicht nur bei stacheligen Trieben recht praktisch.
- Im Ruhezustand werden Scheren grundsätzlich geöffnet aufbewahrt oder -gehängt, damit die Feder nicht unter ständiger Spannung steht.
- Selber schleifen kann man nur die nicht beschichteten Edelstahlmesser.
- Selber schleifen muß man alle fabrikneuen Messer, die nur den Fabrikschliff erhalten haben.
- Das Messer ist scharf, wenn es ein lose gehaltenes Papier oder die Härchen auf dem Handrücken rasiert.
- Die Schere wird zum Schleifen auseinandergenommen und einseitig von außen geschliffen.

Vom Umgang mit Giftspritzen

- Kleine Mengen von Pflanzenschutzmitteln werden am sichersten in der Spritze selbst angerührt.
- Dazu füllt man den Brühetank bis zur Hälfte mit Wasser, setzt das Mittel zu und rührt kräftig um, während das restliche Wasser nachgefüllt wird.
- Mittel in Pulverform werden vorher in einer kleinen Menge Wasser angerührt.
- Spritzbrühe bleibt nie längere Zeit, auch nicht über Nacht in dem Behälter stehen; es wird stets nur so viel angesetzt, wie unmittelbar verbraucht wird.
- Gespritzt wird nur bei völliger Windstille und nicht in der Mittagshitze, ebenso vermeidet man zu niedrige Temperaturen und regnerisches Wetter.
- Beim Spritzen wird weder geraucht noch gegessen oder getrunken. Spritzbrühe läßt man nie auf die blanke Haut kom-

men. Bei dem geringsten Unwohlsein sofort mit der Arbeit aufhören und einen Arzt aufsuchen.

- Die Präparate werden stets verschlossen in ihrer Originalverpackung aufbewahrt, ebenso die Anwendungsvorschriften, die strikt eingehalten werden.
- Die Spritze wird nach jeder Benutzung, egal was verspritzt wurde, gründlich gereinigt und ausgespült.
- Am besten legt man die ganze Spritze, wenigstens aber den Spritzkopf, bis zum nächsten Tag in warmes Wasser. Aktivkohle holt beim letzten Spülen die Reste von Wirkstoffen heraus.

Lieber flüssig düngen

- Am schnellsten und gleichmäßiger wirkt die flüssige Düngung, da Pflanzenwurzeln die Nährstoffe nur in gelöster Form aufnehmen können.
- Auch Einzelpflanzen gießt man besser mit einem Gießrechen flächenweise; er wird auf die Gießkanne aufgesetzt und verteilt die Lösung über einen halben Meter Breite.
- Nach dem Düngen muß unbedingt gründlich gespritzt werden, damit alle Salztropfen vom Laub gespült werden, die andernfalls zu Verbrennungen führen könnten.

Der Rahmen für den Komposthaufen

- Vier Bretter von zwei Zentimeter Stärke werden in Kastenform zusammengenagelt, zwei Meter lang und einen Meter breit; das ersetzt jeden kostspieligen Kompostsilo.
- Latten in den Ecken und Zinkbleche außen verstärken den Rahmen, vier Griffe an den Längsseiten helfen ihn hochziehen, wenn eine Lage Kompost, aufgesetzt wie sonst, in sich fest genug geworden ist.
- Erst in gut einem Meter Höhe wird das Holzgerüst ganz abgezogen, eine Folie darübergedeckt und schon Monate später hat man fertigen Rohkompost, wenn richtig gepackt wurde.

Was ist das?

Die besten Tips zum Verständnis gärtnerischer Fachbegriffe

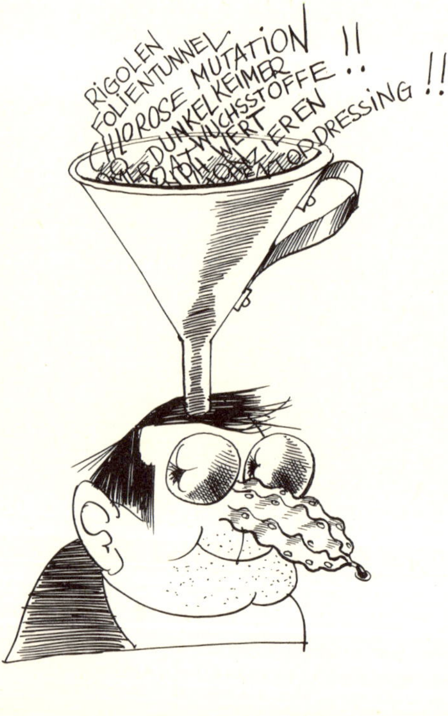

- *Aerifizieren* Durchlüften einer regelmäßig betretenen und daher verdichteten Rasenfläche mit Hand- oder Motorgeräten, das wirksamste Rasenpflegemittel.
- *Bacillus thuringiensis* Bakterienart, die auf Raupenarten tödlich wirkt, sonst aber völlig unbedenklich ist und deshalb zur biologischen Schädlingsbekämpfung eingesetzt wird.
- *Blutmehl* Stickstoffdünger aus tierischen Körperteilen mit 10 bis 14 Prozent Reinstickstoff in organischer Bindung.

- *Chlorose* Störung des Blattgrüns, weil Eisen oder andere Nährstoffe fehlen, meist als Folge von Kalküberschuß, Nässe und Witterung.
- *C/N-Verhältnis* Die Zahl drückt aus, wieviele Teile Kohlenstoff in einer organischen Mischung auf ein Teil Stickstoff kommen. Wichtig für die Kompostbereitung ist zum Beispiel, daß Grünmasse 7, reifer Mistkompost 15, Fichtennadeln 30, Roggenstroh 65 und Sägemehl 511 hat.
- *Containerpflanzen* In Plastikbeuteln oder -gefäßen herangezogene Jungpflanzen von Stauden oder Gehölzen.
- *Einheitserde* Nach dem Rezept von Prof. Fruhstorfer gemischte Blumentopferde aus Ton, Torf und mineralischen Nährstoffen mit einem pH-Wert von 5,5.
- *Folientunnel* Mit Klarsichtfolien bespannte Drahtbogen zur Ernteverfrühung und als Witterungsschutz bis in den Herbst über empfindlichen Kulturen.
- *Guano* Naturdünger aus getrocknetem Vogelmist, ursprünglich von Seevögeln an der Westküste Südamerikas, phosphatreich und kaliarm.
- *Honigtau* Zuckerhaltige Ausscheidungen von Blattläusen, bei Ameisen beliebtes Futter und Grundlage für Schwärzepilze, den Rußtau.
- *Horndünger* Aus tierischem Horn gemahlener Naturdünger, je nach Korngröße als Hornmehl, Horngrieß oder Hornspäne gehandelt, neuerdings mit Zusätzen von mineralischen Nährstoffen.
- *Kallus* Sekundäres Bildungsgewebe, das sich an Wunden bildet, um sie zu verschließen.
- *Kambium* Teilungsfähige Zellschichten zwischen Holz und Rinde, die nach innen Holz, nach außen Rindenzellen bilden und bei der Veredelung eine Rolle spielen.
- *Kreuzblütler* Eine Pflanzenfamilie aus der Unterklasse der Freikronblättrigen, zu der zum Beispiel Kohlarten, Radieschen und Rettich, aber auch viele schöne Stauden gehören von Alyssum und Aubrietien bis zur Schleifenblume und Silberling.

- *Kurztagspflanzen* Bilden Blüten erst, nachdem die tägliche Belichtungsdauer unter einer artbestimmten Grenze liegt, so daß verdunkelt werden muß, wenn sie zur Blüte gebracht werden sollen. Dazu gehören Kartoffeln, Mais, Bohnen, einige Salate, Chrysanthemen und Dahlien.
- *Langtagspflanzen* Zur Blütenbildung ist eine überdurchschnittlich lange Belichtungsdauer täglich notwendig, wie bei Spinat und einigen Salaten, Erbsen und Gelben Rüben.
- *Markiersaat* Schnellkeimende Saaten wie Radieschen, die unter langsam keimendes Saatgut gemischt werden, um den Reihenverlauf zur Bodenbearbeitung besser erkennen zu können.
- *Montmorillonit* Schichtsilikat mit riesiger Oberfläche bis 800 m^2 auf ein einziges Gramm, deshalb besonders geeignet zur Bodenverbesserung.
- *Moorbeetpflanzen* Nicht nur Rhododendren, Azaleen und eine Reihe anderer blühender Ziergehölze, sondern die Kultur-Blau- und Heidelbeeren, deren flaches Wurzelwerk ausgesprochen saure Böden braucht, am besten in moorigem oder anmoorigem Zustand.
- *Mulchen* Bodenbedeckung, ursprünglich mit geschnittenem Gras im Wurzelbereich von Obstbäumen, später jede organische oder Foliendecke im Wurzelbereich von Kulturpflanzen.
- *Mutation* Erbveränderungen, oft sprunghaft ohne erkennbaren Grund, die im besten Fall verbesserte Blüten oder anders gefärbte Früchte hervorbringen, so den Roten James Grieve.
- *Okulieren* Eine Art der Veredelung an jungen Unterlagen, bei der ein Edelauge (Knospe) unter die Rinde geschoben wird.
- *pH-Wert* Eine Skala, nach der eine Lösung mit dem Wert unter 4 als sehr sauer gilt, entsprechend hoch ist der Kalkbedarf; 4,6 bis 6,4 sind sauer bis schwach sauer und bedeuten einen mittleren bis geringen Kalkbedarf. Ab 6,5 bis 7,4 kann man von neutral sprechen, während die Bodenreaktion darüber hinaus alkalisch ist.

- *Quelltöpfe* Anzuchttöpfe aus Torf in Tablettenform in einem festen Kunststoffnetz, das die Wurzeln dennoch nicht am Durchwachsen hindert.
- *Rigolen* Drei Spatenstiche tiefes Umgraben, bei dem die beiden Schichten des Untergrundes in verschiedener Weise ausgetauscht werden, während die Oberschicht in sich gewendet wird.
- *Saatband* Aussaathilfe für die Jungpflanzenanzucht, mit der ein gleichmäßiger Abstand auf Spezialpapier eingehalten wird.
- *Stratifizieren* Saatgut schwer keimender Arten (Rosen, Steinobstarten, Christrose, Tränendes Herz und Silberkerze) wird in feuchten Sand, eventuell mit Beizmittel oder Kalk, eingeschichtet, um Keimhemmungsstoffe abzubauen, und im nachfolgenden Frühjahr ausgesät.
- *TKS* Torf-Kultur-Substrat aus wenig zersetzten norddeutschen Hochmoortorfen, angereichert mit Hauptnährstoffen und Spurenelementen, als TKS 1 in niedriger, TKS 2 in verdoppelter Menge (ausgenommen Kalkzusatz, der gleichbleibt). Das erste wird zur Anzucht, das zweite als Blumentopferde verwendet. Neu ist ein TKS-Instant, das mit einem Netzmittel schneller benetzbar gemacht worden ist.
- *Top dressing* Rasenpflege mit einer Sand-Torf-Lehm-Mischung je nach Schwere des Bodens zur Unkrautbekämpfung und Besserung der Grasnarbe.
- *UV-Rasendünger* Spezialdünger mit einem selektiven Unkrautvernichtungsmittel, das nur zweikeimblättrige Pflanzen mit einem Wuchsstoff abtötet, während die einkeimblättrigen Gräser ungeschädigt bleiben.
- *Vertikutieren* Mit Messerharken oder Schneiderechen wird die Verfilzung der Grasnarbe aufgerissen, am wirksamsten von einem Federzinken unter dem Rotationsmäher.
- *Wuchsstoffe* Alle das Pflanzenwachstum fördernden Stoffe, soweit sie keine Dünger sind. Sie werden benutzt, damit Stecklinge sich besser bewurzeln.

Alphabetisches Stichwort-Verzeichnis